KEENAN-LAND

THULE

BUSS   FRISLAND

BREASIL

PHÉLIPEAUX
UND PONTCHARTRAIN

TEUFELSINSEL

KALIFORNIEN

ANTILIA   SANKT-BRENDAN-
INSELN

BERMEJA

ATLANTIS

MARIA-THERESIA-RIFF

PEPYS ISLAND

AURORA-INSELN   BOUVET-GRUPPE

NEW SOUTH GREENLAND

RUPES NIGRA

HARMSWORTH-INSEL

KOREA

SANDY ISLAND

JUAN DE LISBOA

TERRA AUSTRALIS INCOGNITA

幽靈島嶼

浮沉於地圖上30個島嶼故事

獻給安德莉雅

Für Andrea

目次

導讀

方凱弘（台北海洋科技大學航海系助理教授）

航海史的發展，從已知探索未知的過程中，旅人的「口耳相傳」結合船員的「眼見為憑」，留下許多線索與猜測；為了資訊的傳遞與保存，製圖師將這些傳說具體化為「按圖索驥」，於是地圖／海圖便扮演了關鍵的載體。儘管西元前二世紀艾拉托斯特尼（Eratosthenes）發展出以經緯線作為標定地球上特定地點的方法，提高了定位的精確度，但還是可能發生以訛傳訛的悲劇，正如同本書作者迪爾克·里瑟馬（Dirk Liesemer）所言：「駁斥某座島嶼的存在，往往比其發現更具挑戰性，但也更為複雜、危險。」

本書「幽靈島嶼」的主題與鬼故事無關，所謂「幽靈」是指這些島嶼恍如幽靈般在海上時隱時現。按照常理，島嶼形成後應該固定不動，若曾存在於傳說或史前時代，經確認已不存在，無影響航行安全之虞，即應刪除，「但只要一天無法證明它不存在，它就會繼續出現在海圖上。」島嶼消失原因不一而足，可能是眼誤、口誤或筆誤，也可能是因地殼變動而沉沒，或者其實根本是漂移不定的冰山，於是人類豐富的想像力大噴發，記載了一個個美麗浪漫又帶著詭譎氛圍的「幽靈島嶼」。

西元二世紀古希臘學者克勞狄烏斯·托勒密（Claudius Prolemy）蒐集往來奔波的商人與羅馬官員提供的口述資料作為定位參考，完成了八卷《地理學指南》。他承襲艾拉托斯特尼所建立的經緯度觀念，

緯線以赤道為基準，向北極及南極各遞增到90度為止，並劃定本初子午線為經度0度，向東與西各延伸了180度，不論大陸或島嶼，都可以透過經緯度座標定位。《地理學指南》第二到七卷列有歐亞非三大洲的經緯度座標一覽表，第八卷更依據馬里努斯（Marinus of Tyre）的研究基礎製作了26幅區域地圖（現已佚失），托勒密所理解的印度洋是封閉的，從歐洲往西將抵達亞洲，大西洋往南將遭遇陸地隔絕，十五世紀後托勒密的著作在歐洲廣為流傳，「誤導」了無數航海家懷抱莫名熱情。例如熱那亞航海家克里斯多福・哥倫布（Christopher Columbus）就是「受害者」之一，後續仍不斷有以托勒密為名的新編與修訂，到了1730年已超過有50個版本，「幽靈島嶼」中的未知的南方大陸（Terra Australis），其理論即來自托勒密認為南方肯定存在一塊很大的陸地，地球南北兩方才能維持平衡。

許多海上冒險往往發想自某張海圖。1883年，蘇格蘭小說家羅伯・路易士・史蒂文生（Robert Lewis Balfour Stevenson）筆下的《金銀島》，描述小男孩吉姆認識了一位臉上有刀疤的旅客比爾，在他的箱子裡找到一張藏寶圖，其標註了海盜船長弗林特在島上埋藏寶藏的位置，原來比爾曾經是弗林特船長的手下，比爾死後，眾人決定一起去尋找金銀島與寶藏。單純一張手稿海圖，即使是經驗老道的船長，都很容易畫錯。1615年，荷蘭數學家威理博・司乃耳（Willebrord Snellius）採取三角測量來繪製地圖，提高了製圖的正確性，船員在海上儘管能以中天求緯（藉由中午太陽高度的量測來計算緯度），但因為欠缺測量的基準點，而難以掌握經度，即使是三星定位也常有誤差，而航程一旦拉長就無法精準導航。

閱讀本書即可發現，「幽靈島嶼」大都經度不詳，實務上船員會先在海圖上標註已知船位（Fix），在不考慮水及風流影響下，藉由已知航向和航速繪製出一連串航線，來決定船舶所在的概略位置（Approximate Position）。這種運用現在位置和速度推定未來位置與航向的航法，稱為「推算航法」（Dead Reckoning），然而其容易產

生誤差累積,「失之毫釐,差之千里」,所繪製出的島嶼定位當然也就有很多錯誤。

「漂移不定」的本初子午線

隨著科技進步,現代衛星定位已能做到「秀才不出門,能知天下事」。本書嚴謹地列出島嶼位置、面積大小、發現年代、製圖師與附圖,但古海圖所標示的經度,很可能因為採取不同的本初子午線而有所差異,直到1884年國際子午線會議,才通過一致採用現行主流的格林威治子午線。早期各國都是以通過本國境內的某條經線為本初子午線。歷史上最有名的子午線,莫過於「教皇子午線」。1494年,西葡二國在教皇仲裁下簽署了《托爾德西里亞斯條約》,協議以通過維德角群島以西300里格(大約位於現今西經46度37分處)的經線瓜分新世界,往東屬於葡萄牙的領地,往西屬於西班牙的領地。

以台灣為例,1735年法國耶穌會士尚·巴普蒂斯特·杜赫德(Jean Baptiste du Halde)出版的《中華帝國與其所屬韃靼地區之地理、歷史、編年、政治與生態之描述》一書中所收錄的《福建省圖》,台灣位於東經5度,即是以通過中國北京的經線為本初子午線。更早在1696年義大利聖方濟各修士科羅內里(Vincenzo Maria Coronelli)出版的《威尼斯人大地圖集之世界地圖集》採行了「教皇子午線」,故在其《中華廣東省及福建省圖》當中,台灣位於東經164度與166度之間,此常見於十七世紀的義大利海圖。

另外,1655年荷蘭人尚·布勞(Joan Blaeu)出版的《世界舞臺之新地圖集》,採行通過葡屬亞述群島之經線為0度,在其第六部的《中華帝國新圖》中,台灣便改位於東經148度與150度之間;又如1707年法國製圖師紀堯姆·迪萊爾(Guillaume Delisle)出版的《地理學地圖集》,採行通過西屬加納利群島最西的費魯島(Ferro Island)之經線為0度(稱為「Ferro子午線」),其中的《印度與中華地圖》一圖,台灣位移到了東經137.5度與139.5度之間。過去曾

流行以通過巴黎之經線為本初子午線（稱為「巴黎子午線」），例如 1787年的《中華與韃靼海域圖》或1809年法國製圖師皮耶‧拉比（Pierre Lapié）出版的《世界古典地圖集》的《福爾摩沙、先島諸島、琉球、中華部分地區、菲律賓與日本》海圖，台灣均位於東經117.5度與119.5度之間。直到採行格林威治子午線的海圖，台灣才出現在大家最熟悉的東經121度。由此可知，不論船員視覺判斷或製圖定位精準與否，本初子午線一旦搞錯，真實的島嶼也成了「幽靈島嶼」。

「地理大發現」島嶼版

　　廣義的「地理大發現」是從十五到十九世紀，由葡萄牙王子恩里克（Infante D. Henrique）的航海事業揭開序幕，以英國羅伯‧法爾肯‧史考特（Robert Falcon Scott）與挪威羅爾德‧阿蒙森（Roald Amundsen）的極地探險告終。其中十五到十七世紀又稱為「大航海時代」，關鍵年代有：1488年葡萄牙航海家巴爾托洛梅烏‧迪亞士（Bartolomeu Dias）東航發現好望角；1492年哥倫布西航發現新大陸（他在聖薩爾瓦多島登陸，即巴哈馬群島，他卻認為自己到達的是日本外圍的群島，並誤認古巴、海地等大島為日本本島）；1497年佛羅倫斯航海家亞美利哥‧維斯普奇（Amerigo Vespucci）證實其發現的南美洲是新大陸（哥倫布堅信自己抵達的是亞洲東部，亞美利哥確認了這塊土地並非古老的亞洲，而是一塊新大陸，故命名為「亞美利加洲（美洲）」）；1498年葡萄牙航海家瓦斯科‧達伽馬（Vasco da Gama）東航繞過好望角抵達果亞（位於印度）；1520年葡萄牙航海家費南多‧德‧麥哲倫（Fernão de Magalhães）進入「南海」（後改命名為太平洋），十六世紀期間各國陸續發現澳洲；1820年發現南極洲。

　　按照本書所載的30個島嶼，以最先發現或標註海圖的年代依序排列（如下表所示），其實就是島嶼版的「地理大發現」，早期「幽靈島嶼」多分佈在大西洋，1520年後擴及於太平洋，1820年後更擴

及南極海，書中引述大量史籍淵源、海圖編纂與探險歷程，如同一本大航海時代簡史。

島名	洋區	年代	經度	緯度	章次
波羅的亞	波羅的海	400 B.C.	經度不詳	緯度不詳	4
亞特蘭提斯	大西洋	360 B.C.	經度不詳	赤道以北	2
圖勒島	大西洋	330 B.C.	經度不詳	北緯63度	28
聖布倫丹群島	大西洋	A.D. 530	加那利群島		24
惡魔島	大西洋	1424	亞述群島以西，近格陵蘭，南美洲之前		27
安提利亞	大西洋	1447	經度不詳	北緯31度	1
弗里斯蘭島	北大西洋	14世紀	經度不詳	南岸介於北緯60與61度之間	11
黑岩	北極海	14世紀	經度不詳	北緯90度	22
未知的南方大陸	南方海洋	1503	經度不詳	南半球	26
奧羅拉群島	南大西洋	1504	西經48度	南緯53度	3
下加利福尼亞島	太平洋	1533	墨西哥西岸前		14
貝梅哈	墨西哥灣	1536	西經91度22分	北緯22度33分	5
威洛比之地	北極海	1553	經度不詳	北緯72度	30
巴斯島	大西洋	1578	經度不詳	北緯57.1度，部分在北緯58度39分	8
高麗島	太平洋	1585	東經127度	北緯37度30分	17
薩森貝格島	南大西洋	1670	西經19度40分	南緯30度45分	25
布雷西爾島	大西洋	1674	愛爾蘭以西		7
皮普斯島	南大西洋	1683	經度不詳	南緯47度	20
胡安德里斯本島	印度洋	1689	東經73度36分	南緯27度34分	13

島名	洋區	年代	經度	緯度	章次
布威島群	大西洋	1739	東經3度24分	南緯54度26分	6
菲利普島 篷查特蘭島	蘇必略湖	1744	經度不詳	緯度不詳	21
新南格陵蘭島	南極海	1821	西經47度21分	南緯62度41分	19
拜爾斯島 莫雷爾島	太平洋	1825	東經177度04分 東經174度31分	北緯28度32分 北緯29度57分	9
圖阿納奇群島	太平洋	1842	西經160度13分	南緯27度11分	29
瑪麗亞· 特里薩礁	南太平洋	1843	西經136度39分 西經151度13分	南緯36度50分 南緯37度	18
基南島	北極海	1870	阿拉斯加以北		16
珊迪島	太平洋	1876	東經159度55分	南緯19度13分	23
康提亞島	加勒比海	1884	經度不詳	北緯14度	15
哈姆斯沃思島	北極海	1897	經度不詳	北緯57度	12
克洛克島	北極海	1906	西經100度	北緯83度	10

　　本書敘事層次豐富，畫面感十足，書中介紹的第一個幽靈島嶼「安提利亞」（Antilia），曾被認為所指的就是台灣。十五到十七世紀間的海圖都將台灣劃成北中南三個小島，例如1568年與1573年由葡萄牙製圖師杜拉多（FernãoVazDourado）繪製的《遠東航海圖》與東亞地圖、1592年荷蘭製圖師彼得·布朗休斯（Petrus Plancius）繪製的《東南亞地圖》、1596年荷蘭人林斯豪頓（Jan Huygen van Linschoten）所著《東印度水路誌》中的東印度圖、1598年荷蘭製圖師杜度生（CornelisDoedtsz）繪製的《東南亞水路圖》、荷蘭製圖師亨里克斯·洪第烏斯（HenricusHondius）延續其父親約道庫斯·洪第烏斯（JodocusHondius）繪於1606年《中國地圖》後於1631年出版的《最新繪製全亞洲詳圖》、1632年英國製圖師約翰·斯皮德（John

Speed）出版《世界知名地區全覽圖集》當中收錄的《中華帝國圖》等，甚至是1679年法國製圖師桑松（Nicolas Sanson）出版的《中華王國圖》，都將台灣畫成三座島嶼。可見大航海時代也是「天下海圖一大抄」，分隔北、中二島的可能是立霧溪或大甲溪，而隔開中、南二島的可能是秀姑巒溪或濁水溪，偌大的溪流出海口所形成海灣，很容易被誤解成為海峽。進入荷治時期後，台灣才逐漸被正確繪製成一島，例如1635年荷蘭製圖師威廉‧布勞（Willem Blaeu）出版的《東印度及周圍群島圖》與1636年荷蘭製圖師強森（Jan Jansson）繪製的《中國地圖》等。大航海時代下的台灣一直被誤認成三座島嶼，而日韓、琉球與菲律賓的某部分都有可能是傳說中的「幽靈島嶼」。

神聖不可分割的中國「幽靈島嶼」

依1982年《聯合國海洋法公約》第121條第1款規定，島嶼是四面環水、在高潮時高於水平面的自然形成的陸地區域。2016年，中菲《南海仲裁案》將台灣的太平島「化島為礁」，引發國內熱烈討論。仲裁庭將所有的海洋地物（maritime features）分為三類，分別是：高潮時仍高於海洋平面的自然形成地物，稱為「高潮地物」（high-tide features）；或是高潮時沒入水中，低潮時露出海平面的「低潮高地」（low-tide elevations）；以及不論低潮或高潮皆低於海平面的「隱沒地物」（submerged features）。其中的高潮地物又分為「全權島嶼」（fully entitled islands）與「岩礁」（rocks），太平島的島礁認定爭議即在於此。依《公約》規定，島嶼可主張200海里專屬經濟區與大陸礁層；與之相對，不能維持人類居住或本身經濟生活的岩礁，則不得主張專屬經濟區或大陸礁層，但至少可主張12海里領海。而低潮高地就是俗稱的「乾礁」，得作為占領對象，若位在沿海國領海內，還可以作為領海基線的選點基礎。至於隱沒地物則是俗稱的「暗礁」或「暗沙」，不得作為占領對象，通常只能構成沿海國大陸礁層的一部分，例如中國向來標榜疆域最南的「曾母暗沙」，就是這樣一塊隱沒

地物，原本只是西方人測繪標示於海圖上的「James Shoal」（原譯為「曾母灘」），最後竟成為「神聖不可分割的一部分」而沿用至今，可謂中國的「幽靈島嶼」，根本不存在於海平面上。

本書對於島（康提亞島）、礁（瑪麗亞·特里薩礁）、群島（奧羅拉群島、布威島群）、半島（朝鮮島、下加利福尼亞島），甚至是大陸（亞特蘭提斯、未知的南方大陸）或飄浮於南北極海的冰山（克洛克島、哈姆斯沃思島、基南島、新南格陵蘭島）等均未詳加區辨，這反映了探索過程中的資訊龐雜且混沌不明，作者以第一人稱轉載日誌原文，帶領讀者身歷其境，反覆思索推敲，饒富趣味，本文從海圖製作、航行定位到島嶼認定等背景知識補充說明，增加讀者閱讀時的順暢，而這場詭譎的尋島冒險，就從下一頁開始。

冷知識

在台灣作家連橫的《雅堂文集》中，〈紀五使嶼〉記載了一座島嶼：「蘇澳隔帶水，天空海闊時，望之在目，而基隆漁者時一至。」鄰近台灣蘇澳，天氣好時甚至可以看見，而基隆漁夫抓魚時有時會抵達。該島立於海中，周長約百里，周圍有五個海灣，其中兩個可以繫舟，其餘則有礁石，風浪如果不好，船就可能觸礁而破，只有竹筏可以駛入。島上天氣與台灣相似，有一種草，形狀有如龍鬚，可以編織草蓆，上面有荔枝樹林，果實大又甜美，登岸走三到四里路有間瓦屋，屋內器物有如百年遺物，一觸碰就化成灰，「歸途遇一怪物自林中出，似人非人，散髮垂肩，面目黎黑，猙獰可畏。漁者大驚走，怪物逐之。急駕舟逃歸，述所見如此，而名怪物曰生人。」離開途中遇到一怪物從樹林中衝出，似人非人，披頭散髮垂及肩膀，臉黑且面目猙獰，令人害怕，漁夫驚嚇得趕緊駕舟逃走，稱該怪物為「生人」。「先是有英船偶至其地，測繪地圖，名阿美島。已而瑞典之船自打鼓航日本，亦過其地。其所言與漁者頗相似。」有英國船舶偶然航經此島，測繪在海圖上並標註為「阿美島」，也有瑞典船隻從高雄航向日本時經過此地，發現與那些漁夫說的一樣。

光緒十年，上海《申報》記載了這件事，表示此地應儘速納入版圖，移民前往開墾，作為台灣對外聯絡的管道，若為外國人所得，終將成為禍患。光緒皇帝的父親醇親王見報後即詢問李鴻章，並命台灣巡撫派人前往考察，有一名潮州人叫李錦堂，當時在西學堂教課，取得了該英國海圖而請示前往，巡撫很高興，命他南航。李抵達基隆後查訪如何前往，有漁夫來應聘但要求1,000兩，李僅願意提供600兩，故而遭拒，

「而南通俟之久，乃自駕往，數日不能得，以浪大船小為解。巡撫命待命，月給薪米銀三十兩。將調北洋兵艦再往。而荏苒數年，竟無消息。」李遂決定自行前往，過了好幾天仍未抵達，只好解釋船太小而風浪太大，巡撫令其待命，每月給薪餉30兩，之後又調派北洋軍艦前往尋找，經過數年仍無消息，「或曰：是嶼也，宋時楊五使居之，故名。或曰：是八重山群島之一。嶼旁有長北沙嶼者，小二三倍，略具臥馬之形，至者尤少。縹緲虛無，幾成鑿空。餘以地勢考之，後說似有可信。他日苟至其地而查之，亦足以擴眼界也。」

　　有人說宋代的楊五使曾住過此島，又有人說這是八重山群島之一。傳說五使嶼旁有一個更小的長北沙嶼，呈現馬坐臥的形態，抵達此處的人更少，虛無縹緲，彷彿不存在一般。從地勢上考察，這些說法似乎可信，如果有一天能親自前往查勘，足以大開眼界，此為台灣的「幽靈島嶼」傳說。五使嶼上的「生人」之謎至今未解，留待各位讀者一探究竟了。

前言

數百年來，許多航海家、君主、軍人、海盜與地圖製圖師都相信，某些實際上不存在的島嶼確實存在。在這段漫長的歷史中，一直有探險隊前往探查，不少船長甚至聲稱自己曾經踏上奧羅拉群島（Aurora）、布雷西爾島（Breasil）、弗里斯蘭島（Frisland）、胡安德里斯本島（Juan de Lisboa）、下加利福尼亞島（Kalifornien，譯註：當時誤以為是島嶼，而非半島），乃至未知的南方大陸（Terra Australis）。

　　本書介紹的30座幽靈島，它們的故事是縱橫世界史的30趟航海旅程。每座島嶼各有屬於自己的故事，而字裡行間也折射出故事所出現或流傳的年代，人們的思維與想像。當歐洲開始普遍使用羅盤時，地理學家也提出世上存在著一座磁島的假設，這並非是巧合。而在征服者之間則廣泛流傳著傳奇的黃金島與岩島的故事，而半裸體的亞馬遜女戰士就生活在岩島上。與此同時，虔誠的基督徒則夢想著在大西洋上有一處虔信者的烏托邦，並且對惡魔島（Satanazes）心懷畏懼。不少島嶼是出自古老的傳說或虛構故事，例如圖勒島（Thule）與亞特蘭提斯（Atlantis），它們在近代都曾受到世人認真看待，並標誌在地圖上。另一些島嶼故事則憑藉口頭流傳。據說早在六世紀時，愛爾蘭的牧師布倫丹（Brendan）便曾出海尋找喜樂島（Insel der Glückseligen），而關於他海上迷航的傳說不下一百種版本；一些島嶼則出現在怪異的航海日誌條目中，可能源自閃爍的幻影或單純的誤判，也可

能源自巧妙的玩笑、令人信服的謊言或是卑劣的吹噓。至於這些材料是如何凝聚成形形色色的傳說，而航海者又如何將自己的親身經歷與耳聞的故事雜糅在一起，我們也只能揣測了。

隨著一趟趟的發現之旅，將大量的錯誤資料導入早期的地理知識中。最初的地圖，內容不外乎將港口與危險海域一一羅列；而某些臆測則是基於「地球平衡說」等荒誕不經的理論，認為在南半球或北極圈附近應該有大塊陸地。某些幽靈島嶼在地圖上的位置彷彿無人指揮的船隻般游移不定，但總是位於人類所知世界的邊緣；另一些甚至連河流、山脈與城市名稱都已為人所知。

不少島嶼是人們心中的桃花源，比如哲人島康提亞（Kantia）、聖布倫丹群島（Sankt Brendan）或安提利亞（Antilia），而安提利亞更可能促成了哥倫布（Christoph Kolumbus）的西航之旅。此外，某些國家也經常為了不存在的島嶼而起紛爭，例如英國曾悍然宣布數十座這樣的島嶼為其王室屬地，美利堅合眾國則在獨立戰爭期間取得傳說中位於蘇必略湖上的兩座島嶼，而國際換日線甚至一度向西偏移，以便將一座隸屬美國的幽靈島納入其換日線內。

駁斥某座島嶼的存在，往往比其發現更具挑戰性，但也更為複雜、危險，而推翻島嶼發現者說法的人士之中不乏德國人，例如航空界的先驅胡果・艾肯納（Hugo Eckener）、動物學家卡爾・楚恩（Carl Chun）與極地探險家威廉・菲爾希納（Wilhelm Filchner）等人。在二十世紀初，為了尋找一座不存在的島嶼，菲爾希納還差點喪命。

本書30則故事絕非僅僅供人們搜奇獵異，它們也可成為格局遠為恢宏壯闊的歷史加以閱讀：人類總是孜孜不倦，試圖窮究世界的奧祕，偏偏知識不斷變化更新；人類不斷追求終極真理，目光卻無法突破我們的時代限制。我們太快就忘記，製圖師必須學習如何在傳說、個人觀點與事實之間做出判斷。歷經漫長的歲月，人類才累積出可靠的知識寶藏。直到不久之前，我們才凝聚出今日我們對地球的精確知識。

如今幾乎所有事物都已經被人探索、測量、研究。然而，偶爾古老的發現依然會如海上漂流物般突然重出江湖。就在幾年前，墨西哥國會議員便曾爭論墨西哥灣上一座島嶼的下落；而在2012年9月，媒體還曾經報導有人尋找一座位於太平洋上的島嶼，但無功而返的事蹟，這座島嶼甚至一度收入數位地圖呢！

　　航海圖上可能還存在數十座，乃至上百座的幽靈島嶼。光是印尼就有13,677座島，而全世界的島嶼數量約莫為130,000座，甚至可能高達180,000座，足以為構築全新的神祕傳說提供充分的投影螢幕。2000年2月19日甚至還冒出一則最新的傳說，某份報紙報導奮進號太空梭（Endeavour）的太空人於安達曼海（Andamanensee）上發現一處不為人知的群島。安達曼海是印度洋的邊緣海，而在安達曼海上、泰國海岸，清晰可見七座圍成一圈的島嶼，其中央為一座如瞳孔般突出的較大島嶼，整體看來有如一顆大象眼珠。誰曉得，說不定這群島嶼在經人確認不存在之前，也會被收進地圖呢！

安提利亞 · 大西洋

[Antilia, Atullia, Antillia, Ilha das Sete Cidades]

位置　緯度31度

大小　如同葡萄牙

發現　1447年

地圖　皮茲加諾兄弟（Gebrüder Pizzigano，1367年）、

祖阿尼 · 皮茲加諾（Zuane Pizzigano，1424年）、

馬丁 · 貝海姆（Martin Behaim，1492年）

IRLAND
愛爾蘭

ANTILIA
安提利亞

Kanarische Inseln
加那利群島

Kapverdische Inseln
維德角群島

GUINEA
幾內亞

如果沒有安提利亞，哥倫布說不定就不敢冒險遠渡大西洋。十五世紀時，傳說在遙遠的大西洋上有座名為安提利亞的島嶼，經由海路前往亞洲的人士，可以在島上進行最後一次停泊，補充淡水、水果、食物以及其他多種物資。「此島富饒珍貴的寶石與金屬，島上的廟宇與皇宮均以金箔包覆。」佛羅倫斯的學者保羅·達爾·波佐·托斯卡內利（Paolo dal PozzoToscanelli）於1474年6月25日在一封信上如此寫道。

長久以來，航海家前仆後繼地前往探索大西洋浩瀚的水域，並屢屢發現新的島嶼，例如亞述群島（Azoren）與加那利群島（Kanaren）等。當時的人尚不知大西洋向西延伸到多遠，但後來有人猜測，總有一天可抵達馬可·波羅（Marco Polo）所描述的亞洲海岸，踏上富庶的中國、神祕的日本。

托斯卡內利接著寫道，從里斯本（Lissabon）出發，一路向西航行，就能抵達安提利亞，但他並未說明此舉需要多少天的航程。不過，從安提利亞前往日本不遠。他認為「僅需225里格」（League），將近1,100公里。托斯卡內利的信函是寄給里斯本大教堂牧師費南多·馬提尼茲（Fernando Martinez）的，後者是葡萄牙國王的親信，許多探險之旅就是在葡萄牙國王的支持下開始的。托斯卡內利還另外謄寫這封信一份副本寄給友人航海家哥倫布。因此，哥倫布才有這樣的篤定，認為只要找到安提利亞，便能大大降低橫渡大西洋的風險。

托斯卡內利並非第一個提到安提利亞的人。這座島嶼的名稱，或者是極為接近的名稱，早於1367年便出現在威尼斯一對兄弟，多明尼哥·皮茲加諾（Domenico Pizzigano）以及佛蘭切斯科·皮茲加諾（Francesco Pizzigano）所繪製的地圖上。他們並未畫出島嶼形狀，但在相當偏西的位置，卻畫了一名伸出一隻手的男子，並在該男子旁邊，以幾乎難以辨識的字寫上：「豎立於安提利亞海岸前庇佑水手的雕像在此，因為在更遠處，凶險的海上驚濤駭浪，水手們無法辨識方位。」這裡所說的雕像，指的或許是海格力斯之柱（Säulen des

Herkules）。傳說這些柱子在警告來往船隻提防暗黑之海（Meer der Finsternis），亦即西大西洋某些未知海域。

在皮茲加諾兄弟之後數十年，他們的後人祖阿尼·皮茲加諾才首度在他1424年的大西洋航海圖中，以醒目的紅色標示出一座島嶼：此島位於葡萄牙以西的大西洋上，外形有如一塊較寬的方木，在這座島嶼旁邊寫著「ista ixola dixemo antilia」（這座島名為安提利亞）。安提利亞彷彿是葡萄牙的鏡像，而其島名則是由葡萄牙文「ante-ilha」演變而來，意思是「前方的島」或「對面的島」。安提利亞的七處海灣有如三葉草的葉片般深入內陸，每處海灣旁都設有一座城市。在安提利亞以北，另一座較小的方島從海上升起，這座藍色小島名為惡魔島。

安提利亞的外形酷似葡萄牙，想來並非偶然。紐倫堡（Nürnberg）的製圖師馬丁·貝海姆在他1492年的「地球蘋果」（Erdapfel），也就是世上現存的第一座地球儀上寫道：「基督降生後734年，非洲惡徒突襲伊比利亞半島，波爾圖（Porto）大主教於是率領六名主教，並攜帶牲畜與財產的男女追隨者逃離半島，踏上安提利亞──也被稱為七城島──定居。」不過，貝海姆搞錯年代，「非洲惡徒」，亦即信奉伊斯蘭教的征服者佔領伊比利半島的時間並非734年，而是在更早的714年。

就在貝海姆完成他的地球儀時，哥倫布也率領他的船隊向西航行，一行人朝亞洲方向挺進數週之久。儘管沒有哥倫布本人的文字記載，但他原本便知道安提利亞的存在，因此他推估可以在島上稍作停留。雖然未曾留下任何書面資料，但我們可以推測，安提利亞確實大大降低了哥倫布這次劃時代航行的風險。直到距離地圖上標誌著安提利亞的那個點以西數千公里時，他的瞭望員終於才見到陸地：加勒比海上的一群島嶼。後來哥倫布便將這裡命名為安的列斯群島（Antillen，譯註：哥倫布認為這一帶的島嶼與之前地圖上繪製的安提利亞極為相似，因此根據之前有關安提利亞的傳說，將這些島嶼命

名為安的列斯。）

　　哥倫布回航後，安提利亞在地圖上便縮小了，但基督徒卻持續傳誦安提利亞的故事：他們夢想著世上有一座屬於天主教徒的島嶼，一個保留古老禮拜儀式的基督教烏托邦，甚至述說1447年時曾經有一艘葡萄牙船抵達安提利亞，船上的水手還在島上遇見說葡萄牙語的人，這些人第一件想知道的事是，穆斯林是否依然統治著他們的家鄉葡萄牙。

亞特蘭提斯・大西洋

[Atlantis]

位置　赤道以北
大小　如歐洲
發現　不詳
地圖　阿塔納斯・珂雪（Athanasius Kircher，1644年）

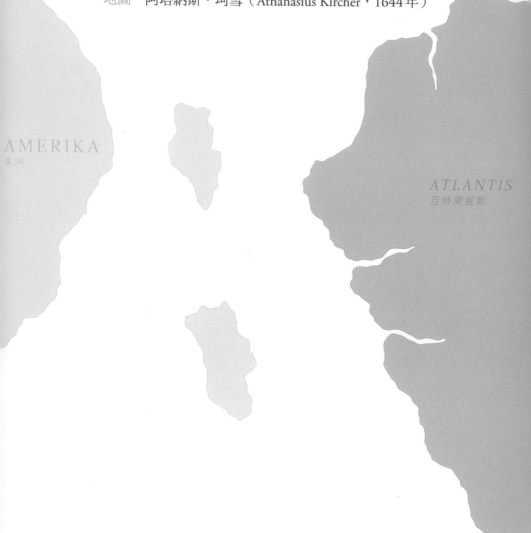

AMERIKA
美洲

ATLANTIS
亞特蘭提斯

HISPANIA
伊比利半島

AFRIKA
非洲

地球有肉體與靈魂，其海流則如人體血脈般循環流動。退潮時，水被吸入體內；漲潮時，水又被泵出。依據耶穌會士阿塔納斯‧珂雪的說法，山脈是支撐地球的骨骼，這些骨骼環繞整個地球。有些如阿爾卑斯或喜瑪拉雅山脈一般，高高突出於地表；有些則潛入地表下方，於海洋底部蜿蜒伸展，並在某些地方露出高峰，成為島嶼。珂雪是十七世紀偉大的博學家，曾任教於羅馬的耶穌會士訓練機構「羅馬學院」（Collegio Romano）——該學院後來改制為宗座額我略大學（Päpstliche Universität Gregoriana）。珂雪能閱讀希臘哲人的原文著作，並潛心鑽研火山學、古埃及學，思考世上是否曾有飛龍。有一次他甚至繪製大量圖畫，以探討巴別塔（Turm von Babel）是否可能抵達月亮。

為了檢視他的地球骨骼論是否正確，珂雪開始研究傳說中亞特蘭提斯島的故事。依據柏拉圖的說法，亞特蘭提斯在一日一夜之間沉入大西洋。先是發生大地震，繼而洪水來襲，將所有陸地，連同生活在陸地上的人們盡數沒入海中。這次的大災難據說發生在西元前9,000多年，而柏拉圖記載此事的時間則於西元前360年左右，他還引用了蘇格拉底的說法，認為這則傳說有很大的優勢，在於它並非虛構的童話故事，而是奠基於真實的事件。

長久以來，自然科學家大都認為亞特蘭提斯不過是一則神話，但隨著歐洲人過去一無所知的新世界為人發現後，情況便有了翻轉。因為美洲當地人究竟源自何方？在遙遠的過去，地球上是否曾經有過不同的世界？

珂雪是史上第一位將柏拉圖提出的亞特蘭提斯收進地圖上的地理學者。1644年，他依據傳說，將亞特蘭提斯畫在大約介於北美洲與伊比利半島中間的位置。依據柏拉圖的說法，面積大於北非的亞特蘭提斯位於海格力斯之柱再過去，在極遙遠的大西洋上。然而，在珂雪的地圖上，亞特蘭提斯的外形與佛蘭德斯的製圖師亞伯拉罕‧奧特柳斯（Abraham Ortelius）所繪製的相同，都與南美洲相當類似，只是

亞特蘭提斯的面積遠較南美洲小，而且方向調轉，南端朝向北方。在亞特蘭提斯一旁寫著：亞特蘭提斯島在海上的位置，依據埃及資料與柏拉圖的描述（Situs Insulae Atlantidis, a Mari olim absorpte ex mente Egyptiorum et Platonis descriptio）。

當珂雪的地圖出版時，歐洲人大為振奮，他們相信這片沉沒的大陸確實存在。而他在地圖上的訊息也宣稱，除了柏拉圖的說法，他還採用了埃及資料，這一點更支持古埃及人的知識較我們今日所知更為豐富的假設。不過，他並沒有透露明確的資料來源，即使在他的《沉沒的世界》（Mundus Subterraneus）中也隻字未提。

這名耶穌會士也可能只是用亞特蘭提斯開了個玩笑。果真如此，這也不是他唯一的玩笑：在人們破譯埃及象形文字之前許久，他便對當時人聲稱自己看得懂埃及象形文字，但沒有人敢指責這位公認的學者是一名騙子。

奧羅拉群島・南大西洋

[Aurora-Inseln]

位置　南緯53度，西經48度

大小　長118公里（準確說來，是有幾座島）

發現　亞美利哥・維斯普奇（Amerigo Vespucci，1504年）、
奧羅拉號（Aurora，1762年）、亞歷山卓・馬拉斯皮納・迪・穆拉佐
（Alessandro Malaspina di Mulazzo，1794年）、
海倫・貝爾德（Helen Baird，1856年）

地圖　勞里與惠特爾公司（Laurie & Whittle，1808年）

SÜDAMERIKA
南美洲

Falklandinseln
福克蘭群島

AURORA-INSELN
奧羅拉群島

Südgeorgie
南喬治亞群

1504 年初，亞美利哥‧維斯普奇從南美洲出航，他的船隊順風向東南方前進，朝著酷寒、幾乎不為當時人所知的南大西洋航行。隨著船隊逐漸航向南方，北半球天空中的星座逐漸隱沒在地平線後方，到了4月3日，連小熊座和大熊座也看不到了。他測得的位置是南緯53度，也就是福克蘭群島附近。不過，福克蘭群島要到1592年才被人發現。

這時忽然颳起一陣暴風，狂風怒號，桅杆嘎吱作響，「暴風如此強大，整支船隊都為之喪膽。」維斯普奇如此寫道。大浪撲上船頭，浪花掃過甲板，他下令捲起船帆。此時維斯普奇的船隊距離南美洲3,000公里之遙，而且正航向南極的冬季。白日漸短，黑夜漸長，「4月7日，黑夜長達15個小時。」此時，在眾人眼前出現了一塊「新陸地」，一片地圖上未曾標示過的「原始海岸」。他們在酷寒的天候中沿著島嶼航行，「我們沒有見到任何港口或人影。」島長將近20里格，相當於118公里多。最後，島嶼終於消失在他們的視線中，而維斯普奇和船員並沒有登上這座島。

此後350年的歲月裡，這座島嶼就此銷聲匿跡，製圖師們猜想，或許維斯普奇見到的只是一塊巨大的浮冰，或一座後來如「亞特蘭提斯般沒入海中」的火山島；又或許他只是被蜃景矇騙了。1762年，這座島嶼再度被人發現：西班牙商船奧羅拉號離開祕魯的利馬市（Lima），準備前往西班牙南部的加迪斯（Cádiz）。途中它繞過合恩角（Kap Hoorn），橫渡南大西洋，最後抵達維斯普奇記錄的島嶼位置。但奧羅拉號的船員同時看到了幾座島嶼，並且以奧羅拉號為名，將這些島嶼命名為奧羅拉群島。

30年後，在亞歷山卓‧馬拉斯皮納‧迪‧穆拉佐的指揮下，西班牙測量艦阿特雷維達號（Atrevida）從福克蘭群島出發向東前進，準備尋找奧羅拉群島。2月21日下午五點半左右，穆拉佐在航海日誌中記載：「我們在北方遠處發現了一塊暗色物體，看來那似乎是一座冰山。」他們朝該物體前進，最後發現那是「一座形似涼亭（或帳篷）

的壯麗巨山，垂直分成兩半，東半部盡頭是白色的，西半部盡頭顏色極暗。」特雷維達號朝岸邊航行，直到距離岸邊一海里處。第二天又出現了另一座島，島上「同樣覆蓋著白雪，但雪層不若第一座厚。」2月26日，他們又見到了第三座島，「乍見之下，我們以為那是一片冰原，但它完全不動，我們認定那是一座島嶼。」以上三座島嶼都位於北緯53度、西經48度的位置，大約介於福克蘭群島與南喬治亞群島之間。

往後一段漫長的歲月裡，這些島嶼再度銷聲匿跡。詹姆斯・威德爾（James Weddell）在1827年尋找這些島嶼卻無功而返，他因此認為這些西班牙人見到的島嶼「也許是沙格岩（Shag Rocks）」。這幾塊岩石如牙齒般由南大西洋陡峭伸出，與傳說中的奧羅拉群島位於相同的緯度，但明顯偏東。

奧羅拉群島為某部小說提供了絕佳素材：「18日我們抵達了人們告訴我們的地點，在附近來回航行了三天，卻未見到相關的群島。」1838年，作家埃德加・愛倫坡（Edgar Allen Poe）出版的《南塔基特亞瑟・戈登・皮姆的故事》（*The Narrative of Arthur Gorden Pym of Nantucket*）中如此描述。在愛倫坡筆下，他讓書中角色前往過度偏向東南的位置搜尋，與阿特雷維達號船員指稱的位置相去將近1,300公里。

十九世紀中，奧羅拉群島最後一次出現，之後便成了絕響。1856年12月6日，海倫・貝爾德船長寫道：「積雪覆蓋了奧羅拉群島：其中兩座（一大一小）在視力範圍內。」他的船員「共見到了五座島嶼」，之後這處群島嶼再度失去了蹤影。誰也不知道，下次再見到時會是幾座……

波羅的亞 · 波羅的海

[Baltia, Balcia, Basilia, Basileia]

位置　不詳　　大小　不詳
發現　不詳　　地圖　不詳

普林尼（Plinius）寫道：大競技場（Circus maximus）裝飾得何其金碧輝煌！一切都泛著金光，光輝閃爍。羅馬再沒有比尼祿（Nero）皇帝有更多琥珀金（德文：Bernstein，拉丁文：electrum）的了，連環繞著指揮台的網子都以琥珀金裝飾，甚至格鬥士的武器與運屍架都閃爍著迷人的光芒。據說不久前，有一軍團的士兵將一塊巨大的琥珀金抬進永恆之城（Ewige Stadt，譯註：指羅馬），重達驚人的13磅！（譯註：古羅馬時代，一磅約為今日的329公克。）

羅馬陷入瘋狂，古希臘羅馬的自然學者也開始探究琥珀金究竟從何而來。有些人認為，琥珀金是從利古里亞（Ligurien）的礦藏挖掘出來的，但也可能來自生長於亞德里亞海（Adria）遙遠山崖上的樹木。而某位學者則堅信，每逢天狼星在夜空升起時，這種樹皮便會流出樹脂，而這些樹脂一遇空氣，便會迅速變硬。另一些學者則認為，琥珀金是來自北歐的各種化石，因此，琥珀金有時是白色，有時又呈現蜜蠟色或略微泛著紅色；而琥珀金也許是被沖到波河（Po）岸。

最後一種極為古老的推測似乎最有道理。早在西元前四世紀時，皮西亞斯（Pytheas）便曾提到一座位於波羅地海上，名為巴西利亞（Basilia）的島嶼，只是不知其確切的位置。皮西亞斯這位希臘商人在馬薩利亞（Massalia）經商，馬薩利亞即今日的馬賽（Marseille）。皮西亞斯足跡遍布歐洲廣大區域，他可能曾搭乘帆船橫渡直布羅陀海峽（Straße von Gibraltar），經過不列顛（Britannien），甚至遠至圖勒

島，最後抵達波羅的海，並且在那裡聽聞巴西利亞一事。他的遊記早已佚失，僅存後來作者引述的內容。因此，他所說的巴西利亞島究竟是指波羅的海上哪座島嶼，至今仍有爭論。

西西里的狄奧多羅斯（Diodor von Sizilien）更在皮西亞斯的記載上加油添醋。狄奧多羅斯生活在西元前一世紀，他將巴西利亞的名稱稍加改變，並宣稱其位置在「高盧（Gallien）之上」，當地「海上有座島嶼，名為巴西萊亞（Basileia）：海浪將大量的琥珀金沖到島上。除了那裡，地球上居住之處從未有人見過有琥珀金。不少前人都傳述著關於琥珀金的荒誕故事，但這些故事都遭到駁斥。」他還得知，琥珀金是由島上居民運到陸地，再運往義大利與希臘的。

琥珀金確實帶電。西元一世紀時，羅馬學者普林尼便曾觀察到，摩擦琥珀金時，琥珀金能吸引穀殼、乾葉，甚至鐵屑——因此，傳說琥珀金具有療病的力量。此外，普林尼還發現，琥珀金內往往包覆著螞蟻、蚊子或蜥蜴，可知琥珀金一度是液體。可惜他本人對波羅的亞幾乎毫無所悉。不過他曾記載，波羅的亞位於波羅的海上，距斯基台人（Skythen，泛指許多北方部族）的海岸約三天的航程。如此看來，這座島嶼應該存在，只是沒有人知道最初被提及的究竟是波羅的海上的哪座島嶼。

貝梅哈島 · 墨西哥灣

[Bermeja, Vermeja]

位置　北緯22度33分，西經91度22分

大小　80平方公里

發現　阿隆索·德·夏維斯（Alonso de Chaves，1536年）

地圖　不詳

The Triangle
三角群島

Cayos Arcas
阿卡斯群島

BERMEJA
貝梅哈島

Arrecife Alacranes
蠍子礁

Sandy Island
珊迪島

w Bank
岸

22°

Sisal Bank
西薩岸

MEXIKO
墨西哥

經過了近500年再也沒有人見過貝梅哈島之後，墨西哥國會竟然在2008年夏天討論起這座島嶼的下落。據說，大家很快地便認為貝梅哈島是被美國的情報機構炸毀的。美國極力想在富藏原油的墨西哥灣海域取得主導權。在歷史上，美國曾利用戰爭奪取墨西哥廣大的土地；如今，墨西哥的政治人物擔心，貝梅哈島若沉入海底，隨著這塊領土的喪失，墨西哥也將失去富藏原油的海底主權。因此，墨西哥國會成立了一個委員會，籌畫大規模搜尋貝梅哈島的行動。

長久以來，墨西哥一直為其領土戒慎恐懼。數百年來，有關墨西哥灣的最早資料向來被視為密件處理。1536年，阿隆索・德・夏維斯首度在他的《航海者之鏡》（Spiegel der Seefahrer）中提及貝梅哈島：「猶加敦（Yucatán）邊界的島嶼，位於23度，在聖安東尼角（Kap des heiligen Antonius）以西，相距14里格處。」這是一座小島，自遠處看來明亮且帶著微紅色。

在航海圖上，貝梅哈島是位於北緯22度33分、西經91度22分座標上的一個點，大小等同於北海上的尤伊斯特島（Juist）。貝梅哈島的位置在猶加敦半島前方160公里處，自墨西哥灣升起。1755年，為了測量海底地形，並進一步探勘墨西哥灣上的島嶼，一支西班牙艦隊在米格爾・德・阿德雷德（Miguel de Alderete）的統率下啟航。每隔一小時，便在航海日誌記錄測得的位置、航線、風向、降水、距離和水深。但這次遠航並未發現貝梅哈島的蹤跡；即使是往來於墨西哥灣的英國船隻，也未曾有過關於這座島嶼的訊息。儘管後來再也沒有人見過貝梅哈島，但它卻未因此遭到世人遺忘。又或者，所謂的貝梅哈島，其實只是一塊淺礁？

國際法對島嶼的定義相當簡單明確，就是四面環水的陸地。而一座島嶼所屬的國家，除了擁有這座島嶼的主權，對以該島為中心、200海里內的海洋也擁有主權。然而在2009年墨西哥地理學者卡洛斯・康崔拉斯・塞爾文（Carlos Contreras Servín）所發表一篇探討貝梅哈島下落的報導中，卻認為這種定義不夠。他關切著位於坎佩切灣

（Sonda de Campeche）的223座礁石日漸受到海水沖刷。目前墨西哥當局還能將這些礁石納為屬地，但一旦全球氣候暖化使海平面持續上升，結果將會如何？屆時墨西哥是否必須放棄它在墨西哥灣的龐大資源？

2009年，一架墨西哥飛機接受墨西哥某國會委員會的委託，在海上盤旋繞飛。而墨西哥國立自治大學（Nationale Autonome Universität von Mexiko）也派出胡斯托·西耶拉號（Justo Sierra），這艘船上有一支由七所大學不同領域的專家組成的隊伍。不久後，墨西哥海軍派遣的圖斯潘河艦（Río Tuxpan）也出發了，之後還有卡林·哈艦（Kalin Haa）。雖然這些船艦發現了蠍子礁等幾處長久以來其存在遭人質疑的礁石，但並未找到貝梅哈島。

儘管如此，墨西哥無需捨棄在墨西哥灣的主權。美墨分別於1978與2000年簽署有利於墨西哥的墨西哥灣邊界協議。此外，2007年墨西哥成功地向聯合國申請更多靠近美國水域附近的海域。這些新取得的海域在墨西哥灣的位置比貝梅哈島更遠（譯註：言外之意，比貝梅哈島離墨西哥本土更遠，因此可取得更多的經濟海域）。從那時起，貝梅哈島便喪失其重要性，而終將被遺忘。

布威島群・大西洋

[Bouvet-Gruppe]

位置　南緯54度26分，東經3度24分
大小　長9公里，寬7.5公里（布威島）
發現　1739年、1825年、1898年
地圖　不詳

THOMPSONINSEL
湯普森島

BOUVET-GRUPPE
布威島群

BOUVET & HAY
布威&黑伊島

LIVERPOOL ISLAND
利物浦島

BOUVETINSEL
布威島

LINDSAY-INSEL
林賽島

54°

4°

5°

在一個萬里無雲的週日清晨，瓦爾迪維亞號（Valdivia）從開普敦（Kaptadt）港啟航。此刻旭日才東升，陽光灑落在桌山（Tafelberg）上，一條條峽谷伸入閃著亮光的崖壁中。這時，來自萊比錫（Leipzig）的動物學家卡爾‧楚恩（Carl Chun）站在甲板上，感傷地望著陸地。他和他的研究夥伴在開普敦度過了七天，還享受了一場令人難忘的慶典。這場由他的德國同胞成立的日耳曼協會（Gesellschaft Germania）所舉辦的活動，有小型歌舞演出，有演說者賣力博取聽眾歡心，還有一隊「寒酸樂團」（Lumpen-Orchester）的表演。

白色的研究船瓦爾迪維亞號向幾乎沒有其他船隻通行的南方海域前進，時間是1898年10月13日。「如果展開英國的航海圖，在開普敦與好望角以南一大片遼闊的空白區域上，你只會看到一個地點，而這個地點當然也標示為不確定。」楚恩如此表示。據說在南大西洋南緯54度處，散布著布威島群三座島嶼。自從75年前有人最後一次見到這群島嶼的身影後，好幾次想尋找它們的探險隊都無功而返。

1739年，尚—巴蒂斯特‧夏爾‧布威（Jean-Baptiste Charles Bouvet de Lozier）在當地發現了第一座島嶼。他標示該島的座標為南緯54度，東經4度20分，認為它是「未知的南方大陸」（Terra Australis incognita）的海岬。之後好長一段時間內，再也沒有人見到這座島嶼：1775年，詹姆斯‧庫克（James Cook）與1843年的詹姆斯‧羅斯（James Ross）的搜尋行動雙雙失敗。但其間卻有兩艘英國捕鯨船宣稱見過布威島：詹姆斯‧林賽（James Lindsay）於1808年，以及喬治‧諾理斯（George Norris）船長於1822年，後者甚至想踏上該島。此外，諾理斯也在附近發現另一座島嶼，並將該島命名為湯普森島，宣稱這兩座島嶼均歸英國所有。然而，當時出現了許多不同座標位置的記錄，據此，那一帶可能存在著布威島、林賽島、湯普森島、布威＆黑伊島與利物浦島等五座島嶼。

瓦爾迪維亞號徐徐前進，空氣清澄，海面平靜，楚恩與阿達貝爾特‧克雷西（Adalbert Krech）船長決定尋找布威島。瓦爾迪維亞號在

當時是一艘優秀的船艦，由漢堡—美洲行包航運股份公司（Hamburg-Amerikanische Packetfahrt-Actien-Gesellschaft，縮寫：HAPAG）的汽船改裝而成。1898年7月31日，瓦爾迪維亞號從漢堡離港，展開長達32,000海里的旅程。它先往北繞行英國，接著南向沿著非洲海岸航行到開普敦。現在瓦爾迪維亞號則朝南極挺進，之後將勘查印度洋，經過蘇伊士運河（Suezkanal）進入地中海，最後返回船籍港。這是一趟知識大豐收的旅程，共集結成24冊記錄，最後一冊直到1940年才完成。

這次德國研究人員探查了最後一塊面積遼闊的未知祕境——海底。楚恩為了這次探勘已努力多年，他撰寫申請書、四處奔走，而且不下百次地表示，英國和美國已經探勘了深海區，現在德國人也該採取行動了。最後，楚恩受命擔任德國首次大型勘查深海行動的負責人。

十九世紀末，深海依然為人類提供了豐富的想像素材。楚恩寫道：「人們時而以為它神祕莫測，沒有任何有機生命；時而以為它呈現出地表的形貌，並為它添加各種前所未聞的生物。」海底探勘始於1818年，當時英國海軍少將約翰・羅斯（John Ross）在某次航行途中，在加拿大與格陵蘭之間的巴芬灣（Baffin Bay），從1,500公尺的海洋深處打撈到一隻活的陽燧足。這隻被測深繩纏住的動物，是第一個證明海洋在此深處仍有生物的證據。

1898年11月14日，瓦爾迪維亞號上的研究人員已將測深繩垂放到4,000公尺深處。這處外海浪濤極高，氣溫也逐漸降低。中午十二點左右，氣溫17.4度，兩天後同一時間卻只有7.8度，到了11月22日時，氣溫甚至降到零下一度。但船上人員卻十分享受這種寒意，因為在非洲時有許多人染上了瘧疾。不過，氣溫如此急速下降，幾乎所有的人都感冒了。最後啟動蒸汽供暖系統，交誼廳和船艙中才有了舒適的暖意。

11月20日，氣壓下降。船上人員看見天空變暗，巨大浪濤白色

的浪花與黑色天空判若二分。這時颱起南風，從南極的方向吹來十級強風，將陸地上的樹木連根拔起。浪濤拍擊船身，震耳欲聾的聲音沖刷過甲板。瓦爾迪維亞號減速慢行，以防被大海吞噬。突然間，怒海上出現了一隻企鵝：牠發出嘶啞的叫聲，用力拍打翅膀，不斷向上竄跳尾隨著瓦爾迪維亞號；一群灰白色的鳥兒也繞著這艘汽船盤旋。

翌日清晨，陽光穿透雲層，海浪從北邊翻騰而來。這裡是翻滾著白色浪沫，有著壯闊藍色的怒海。瓦爾迪維亞號逆風而行，波濤不斷拍擊著船壁，實驗室裡的玻璃器皿紛紛從架子上滾落，實驗所需的液體在階梯上流淌，旋轉椅也在交誼廳中滾動著，刀具和匙勺則在櫃子裡叮噹作響，手持早餐的服務生彷彿跳舞般移動到餐桌旁。楚恩提到「須同時護持一顆嫩蛋和一杯滿滿的茶」的人，著實辛苦極了。到了中午，氣壓計再次回升。風力減弱，風向也改為北風，雨水夾帶著冰雹紛紛落在甲板上。海上霧氣顫動，瓦爾迪維亞號僅能半速前進，並且規律地鳴起汽笛，以便藉由回音偵測前方是否有冰山。

11月24日，探險隊抵達南緯54度，英國航海圖上標示著布威島群三座島嶼的位置。領航員在地圖上將所有前人觀測到的陸地座標一一標示出來。陽光偶爾破雲而出，雲層稍微散去，但朔風依然刺骨；甲板也蒙上了一層薄冰，大夥兒都期盼能發現這些島嶼。數日前，他們測得的海深在4,000到5,000公尺之間，有兩次甚至更深。昨日海洋深度還有3,585公尺，今天清晨卻僅2,268公尺。

瓦爾迪維亞號顯然航行在一座海底山上，這座山或許便是這群島嶼的基座。從現在起，他們系統性地展開由東往西的搜索。此刻，空氣朦朧不明，微小的海藻將海水染成了淡綠色。傍晚，陽光從雲層中露臉，船上人員也都聚集在甲板上。這時地平線上似乎出現了某種物體，眾人都緊張地瞇起眼睛眺望。啊，那不過是巨大的雲團罷了！

隔天，11月25日清晨，瓦爾迪維亞號抵達地圖上標示著島嶼的區域。但此處海洋深度又達到了3,458公尺，唯一顯示附近可能有陸地的，是天上飛翔著數量相當多的鳥。研究人員捉到了兩隻小長尾

鳩，牠們身上都出現了孵卵斑，這是位於鳥類前腹，供血良好的脫毛部位，有利於體溫傳導。天氣依然變化莫測，有時雪暴橫掃過海面，幾分鐘後又迅速放晴。

中午時分出現了第一座大型冰山，在陽光下莊嚴地閃著熒光。這個冰巨人的上方籠罩著一層淡藍色細霧，冰山縫隙與穴孔內也閃爍著深沉的鈷藍，冰山頂上則簇擁著浪花。浪花上的泡沫白燦燦的，只是在冰山的對比之下，顯得灰灰黃黃的。到了下午，雲層散去，不然什麼都看不見。楚恩寫道，克雷西「以極其粗鄙水手的方式」咒罵從前的航海者，而楚恩的看法也和船長一致，認為這次的搜尋行動，最晚應該在日落時結束。

突然間，大副高喊：「布威島群在我們前方！」此時是下午三點半，全體人員全都衝到甲板上，向前跑、奔向舷欄杆，衝上指揮台。在那裡浮現出「起初還模模糊糊，隨即變得較清晰的輪廓，位置在右前方距離僅七海里處。在這南極特有的壯麗與野性之中，浮現一座形勢陡峭的島嶼。懸崖峭壁朝向北方，壯觀的冰河一路往海平面傾斜而下，遼闊的凍雪原緩緩落下，最後在南方堆疊成一道海上的冰牆，牆脊高高插入天際。」他們在海裡看到了海葵與海筆，還捕捉到貝類、石　與螃蟹。

第二天，瓦爾迪維亞號繞著這座島航行。研究人員測得島長5.1海里、寬4.3海里，並將座標更正為南緯54度26分、東經3度24分。島上未見樹木或河流，而且這裡風浪強勁，無法靠岸，陡峭的冰牆也高高地橫擋在岸邊。這座島最引人矚目的是上頭的火山錐，楚恩將其命名為威廉皇帝峰（Kaiser-Wilhelm-Pik），因為德皇對這次的探勘極為重視。楚恩思索著，在距離赤道如此遙遠、如此南方之處有布威島，而在同樣遙遠的北方則有呂根島（Rügen）。他說，我們應該想像呂根島終年冰雪覆蓋，冰河蜿蜒入海，就連盛夏時分，這座位於波羅的海的島嶼也被大塊浮冰包覆的模樣。

11月27日星期天原是他們的休息日，眾人卻忙著尋找其他島

嶼。當天夜裡,他們在大雪中朝北方挺進,隔天清晨六點左右抵達傳說中湯普森島的所在位置。結果什麼都沒看到,而測得的海底深度為1,849公尺。在他們眼中,這裡的海底似乎夠淺,足以讓一座火山島從海上探出頭來。他們在傳說位置十海里的範圍來回航行,但海浪翻騰,雪花橫掃,船纜也結了一層冰。

於是他們返航布威島。「濃濃的雲靄遮蔽著,使我們無法眺望它最後一眼。此時,我們終於明瞭為何前人搜尋不到布威島。由羅斯精確說明的航線來看,他從距離不到四海里處經過,卻完全沒有見到其蹤影!」楚恩如此寫道。1843年,英國航海家詹姆斯·羅斯想尋找這些島嶼,但因濃霧阻擋而出師未捷。因此,楚恩不排除在這些緯度附近另有其他島嶼存在的可能。

後來證實,尚─巴蒂斯特·夏爾·布威與詹姆斯·林賽發現的,應該是同一座島嶼。而為了向首次發現它的人致敬,這座島於是沿用布威島之名。至於布威&黑伊島、利物浦島與湯普森島則未曾存在過。在那些地點,海底的深度都大於2,400公尺。

冷知識
1927年,研究船挪威號(Norvegia)的船長挪威人哈拉德·霍恩韋特(Harald Horn-vedt)佔領了這座無人島。其後經由外交協商,布威島於1930年成為挪威屬地。布威島幾乎被一條冰河全面覆蓋,島上最高峰是海拔780公尺的奧拉夫峰(Olavtoppen)。

布雷西爾島 · 大西洋

[Breasil, O'Brazile, Hy Brasil, Hy Bereasil, Brazil Rock, Bracile]

位置　愛爾蘭以西

大小　不詳

發現　約翰·尼斯貝特（John Nisbet，1674年）

地圖　安杰利諾·杜切爾特（Angelino Dulcert，1325年）、

安德里亞·畢安科（Andrea Bianco，1436年）、

約翰·普爾蒂（John Purdy，1825年）

BREASIL

布雷西爾島

IRLAND
愛爾蘭

七年之中只有一天濃霧退散，轉眼間，一座彷如人間仙境的島嶼現出身影：繁花盛開，樹上垂掛著甜美的果實，地面上寶石閃閃發光。最先提到這麼一座島嶼的人，是六世紀時凱爾特的僧侶。其位置應該在愛爾蘭前方的大西洋海上。在愛爾蘭蓋爾語中，「breas」與「ail」相結合，意即「偉大而美妙」或「絕佳的」，而愛爾蘭人也曾以「Breasil」稱呼某位神仙。

許久以來，布雷西爾島不過是則傳奇，直到有相關的記錄，人們才開始相信它的存在。十四世紀時，布雷西爾島被收錄於波特蘭海圖（Portolankarte）之中：根據出身馬略卡島（Mallorca）的地理學者安杰利諾・杜切爾特的記載，他所稱的「Bracile」位於愛爾蘭以西數十海里處。他那份幾近空白的地圖僅供航海使用。圖上除了海岸線、港口、岬角、礁石、沙洲和區域風向等記錄，鮮少有其他資訊。這種波特蘭海圖源自義大利領航員的記錄，起初僅是記錄各港口位置和危險地點的航行指引。到了十二世紀羅盤發明以後，才又加上海岸線的資料。也許杜切爾特相信了某位航海者的說法，因此畫上這座島嶼。這些航海者一向會講述他們所聽聞或親身經歷的事件。

從此以後，布雷西爾島便出現在地圖上，其形狀有時呈環狀礁石狀，內部包含著一些小島；有時是較大的雙子島。而其名稱也和它的形狀一樣一再改變，有 Brasil、Hy Bereasil、Hy Breasail、Hy Breasal 等各種說法。五百多年來，布雷西爾島一直出現在地圖上，時間比其他幽靈島都要長。但它在地圖上的位置卻逐漸往大西洋遠處移動，彷彿想逃避被世人發現的命運：1436年，布雷西爾島在威尼斯製圖師安德里亞・畢安科的地圖上，其位置已明顯更南。畢安科稱布雷西爾島為 Insula de Brasil，在他的地圖上，該島位在一座屬於亞述群島較大的島嶼之旁。

十五世紀末，好幾支探勘隊伍從英國出發，想尋找布雷西爾島的蹤跡。但直到1674年，它才被基利貝格斯（Killybegs，編按：位於愛爾蘭的港口）的約翰・尼斯貝特（John Nisbet）船長尋獲，位置則

在它本來應該在的地方：尼斯貝特率領的船隻在愛爾蘭前方的濃霧中航行數日，等到濃霧終於散去時，尼斯貝特大吼：「山崖！」並下令減速停泊。隨後他帶領三名手下划向這座島，他們見到綿羊、黑兔與一座宮殿。他們敲了敲門，但沒有人回應，也沒有人開門。夜裡，他們在沙灘上生火，這時突然響起恐怖的喧鬧聲，尼斯貝特和手下急忙划船返回大船。隔天，他們再次前往該島。沙灘上站著一群年老的男子，他們穿著老式的服裝，說著古時候的語言。據他們表示，他們被人囚禁在宮殿中，尼斯貝特等人的營火將拘禁他們的咒語解除。現在宮殿崩塌了，而他們宣稱，這座島名為「O'Brazile」。於是尼斯貝特便將他們帶到船上，送往他位於基利貝格斯的農莊。

之後再也沒有人見過布雷西爾島，也許它隱身於濃霧之中了。此後，這座島嶼在地圖上也愈縮愈小；最後，在約翰・普爾蒂1825年的北大西洋地圖上，布雷西爾島變成了布雷西爾岩（Brazil Rock），成為一塊孤立於海上的岩石。

ISLAND
冰島

巴斯島 · 大西洋

[Buss, Bus, Busse Island]

巴斯島
BUSS

位置　北緯57.1度，部分在北緯58度39分
大小　長150公里
發現　詹姆斯·牛頓（James Newton，1578年）BOOK66
詹姆斯·霍爾（James Hall，1606年）、
湯瑪士·謝坡德（Thomas Shepherd，1671年）
地圖　埃默里·莫利紐克斯（Emery Molyneux，1592年）、
約翰·謝勒（John Seller，1671年）、
基斯·約翰史東（Keith Johnston，1856年）

IRLAND
愛爾蘭

GROSS-
BRITANNIEN
大不列顛

伊曼紐爾號（Emmanuel）獨自停靠在北美洲海岸。由於船身出現一道裂痕，英國航海家馬丁·弗羅比舍（Martin Frobisher）的探險隊只好在此停留。弗羅比舍此次前來，是為了找尋一條繞行美洲北端的航道。然而，「在暴風肆虐下，船隻不得不停靠在背風面的近岸海上，冒著失去大索與錨的風險，挺過這場風暴。其他錨都捨棄，僅留最後兩具。」當年同在船上的湯瑪士·威爾斯（Thomas Wiars）如此記載。翌日，1578年9月3日，天候好轉，伊曼紐爾號的裂痕也已封修，於是回航英國。

將近一週後，9月8日當天，伊曼紐爾號抵達「弗里斯蘭島（Frisland）以南，重返公海。此時南風吹拂。自隔日起，伊曼紐爾號接連兩天都朝著東南，往愛爾蘭的方向挺進。

回程第12天，船員不時見到海上的浮冰，上午十一點，在距離25公里處發現陸地。伊曼紐爾號的船長和所有者詹姆斯·牛頓，以伊曼紐爾號的船隻類型，將這座島命名為巴斯島（Buss Island，譯註：英文buss意為「雙桅漁船」）。這種船能在遠洋作業。他估算，弗里斯蘭島首度為人發現時，位置應該在巴斯島西北150多海里處。巴斯島南端位於北緯57度1分，有兩座天然港；島長75海里，在經過28小時後才離開視線範圍。

14年後，巴斯島出現在一份地圖上：英國數學家埃默里·莫利紐克斯將巴斯島列在他1592年的地球儀上。雖然伊曼紐爾號僅從巴斯島南岸繞過，但莫利紐克斯卻將海岸線明確標出，彷彿巴斯島沿岸地形都已為人知曉。

1606年，詹姆斯·霍爾再次發現巴斯島，當時他在丹麥國王克里斯蒂安四世（Christian IV）的統治下擔任舵工長。「7月1日，我們在八里格遠處看見陸地，該陸地西南岸前有一片遼闊的冰原。」從傍晚到夜裡，他們的帆船都沿著陸地外的海域航行。「儘管此島位置比海圖上的更偏向西，但我猜我們見到的便是巴斯島。」

後來，巴斯島第三次為人所見是在1671年。在湯瑪士·謝坡德

船長的指揮下，皇家水文地理學者約翰・謝勒搭船航向巴斯島，但這一次它的位置卻在較北方數海里處。謝坡德提到有大量的鯨、海象、海豹和鱈魚。他認為，這處海域一年應該可以通行兩次。巴斯島南側地勢較低且較平坦，西北端有些丘陵和山嶺。謝勒在地圖上畫出巴斯島的輪廓和12處地點，這些地點幾乎悉數以哈德遜灣公司（Hudson's Bay Company）的經理人而命名。

1675年5月13日，哈德遜灣公司支付英國國王查理二世（Charles II）65鎊，取得巴斯島的所有權，不僅擁有介於北緯57與59度之間的整座島嶼，還擁有所有的海灣、小島、溪流、水道和海峽等。根據這份永久合約，哈德遜灣公司不僅能獵捕並交易鯨、鱘魚與所有珍稀魚種，所有發現到的金、銀、寶石等同樣歸該公司所有。

據說就在同一天，謝坡德船長也估算了勘查與開採的費用，諸如船隻數量、人手與設備、開銷和工資等。

數月後，謝坡德便啟程出航，橫渡大西洋，並於北美的哈德遜灣過冬。後來不知為何人們對巴斯島失去了興趣。或許因為新世界的吸引力太大，致使巴斯島遭人遺忘，也未再聽聞任何有系統的搜尋行動了。只有一次，一名哈德遜灣公司的員工還曾在一份無關緊要的信件中提起這座島。

如此過了70年，再也無人相信這座島嶼的存在。「巴斯島這片消失的土地，如今無非是一片淺淺的陸地。」在一幅1745年的英國地圖上寫道：「四分之一哩長，位於怒海上，極可能便是曾經名聞一時的那座島嶼。」而在另一幅地圖上則僅寫著：「沉沒的土地巴斯。」

十八世紀，曾經有船員在愛爾蘭以西尋找平淺的海域。1776年6月29日下午，在巴斯島曾經所在的地點，風平浪靜。理查德・皮克斯吉爾（Richard Pickersgill）少尉測量水深，測得的深度為420多公尺。「我們朝東北方持續前進約兩哩，測得的水深又是290英尋；有柔細的白沙。同時見到烏鴉、海鷗與其他顯示陸地就在不遠處的徵兆。」他如此寫道，並且推測：如果巴斯島再次浮出，「往北方行駛

的船隻在半途中便能在當地過冬。對刻苦耐勞的海員而言,巴斯島將
會是一場磨練。」

1856年,在某張地圖上,巴斯島最後一次出現在原本的位置,
已經成為一個毫不起眼的小點。

拜爾斯島與莫雷爾島 · 太平洋

[Byers und Morrell]

位置　北緯28度32分，東經177度04分（拜爾斯島）；
北緯29度57分，東經174度31分（莫雷爾島）

大小　二者周長各約四哩

發現　班傑明·莫雷爾（Benjamin Morrell，1825年）

地圖　泰晤士世界地圖集（Times Atlas of the World，1922年）

美國船長班傑明·莫雷爾熱愛冒險故事和旅遊文學，他的船長室中堆滿了詹姆斯·庫克、喬治·溫哥華（George Vancouver）與其他探險家的作品。1825年，莫雷爾率領雙桅縱帆船韃靼號（Tartar）前往大西洋探勘。由東向西，經過夏威夷群島，接著繼續朝東北方向挺進，在7月12日通過180度經線，也就是國際換日線。國際換日線是一條穿越太平洋，自北極通往南極，人為任意規定的假想線。所有由東往西——從美洲開往中國——的船隻，一過這條線便是「明天」；而由西往東——從中國開往美洲——的船隻，一過這條線便是「昨日」。

7月13日，莫雷爾見到一座未知的島嶼，現在他自己終於也能以發現者的身分留名美國青史了！這座島的位置在北緯28度32分，東經177度04分，僅略高於海平面。莫雷爾船長也見到灌木與小型植物、海鳥、綠蠵龜和象鼻海豹等。他估計島嶼周長約四哩，而他也在沙質海底上方找到一處絕佳的停泊點。只不過在東南方有一處危險區域，那裡的珊瑚礁往西南方向綿延兩哩，除此之外，什麼都看不到。莫雷爾以他的金主之名——紐約船東詹姆斯·拜爾斯（James Byers），為這座島命名。

莫雷爾並沒有在當地久留，當天他便再度啟航往西北方向前進。

翌日清晨四點左右，船員們見到前方有波浪彈濺，他們逆風朝西南方向移動，往一處礁石航行。清晨六點，船隻已經朝浪花彈濺的地點前進半哩，卻依然不見陸地的蹤影。之後，他們繞著一處珊瑚礁西端，以時速七哩的速度緩緩前進，最後終於從桅杆上見到西北方有陸地。十點左右，他們已經靠近一座狹窄低矮的島嶼，那裡海鳥遍布，岸邊有象鼻海豹。「也見到數量驚人的綠蠵龜與兩隻玳瑁。」莫雷爾如此寫道。這是一座火山島，但只高出海平面些許。島嶼周長約四哩，中心位置為北緯29度57分、東經174度31分。莫雷爾並未發現任何珍貴的物產，於是便離開「這座孤島」。很快地，這座島嶼便以莫雷爾船長之名命名。

莫雷爾返回紐約後，便遭委託人解雇。拜爾斯原本寄望能獲得經濟利益，如今他要這座以他為名，卻毫無經濟價值的島嶼有何用？

拜爾斯島與莫雷爾島卻就此登上地圖。1875年，在發現這兩座島嶼50年後，它們在一次清查太平洋的行動中逃過一劫：水文地理學者弗雷德里克·伊凡斯（Frederik Evans）接受英國海軍部的委託，以大量的航海日誌交相比對，將123座島嶼從英國官方的太平洋海圖上刪除，但他犯了五個錯誤：他將三座實際存在的島嶼從海圖中移除，留下拜爾斯與莫雷爾島，但後二者的存在卻遭到不少航海人士的質疑。

也許伊凡斯不想挑起外交事端。拜爾斯與莫雷爾島雖位於經線180度以西，但在美國的堅持下，為了讓一天終結於這兩座島上，國際換日線在北太平洋大幅往西凸出。直到1907年，這兩座島嶼才從海圖中消失。1910年，國際換日線在北太平洋的這個位置才又調直，不過至今依然沒有完全變直。

此時，莫雷爾已被視為是虛構歷史的高手。大家早已知道，他不僅閱覽詹姆斯·庫克、喬治·溫哥華等前輩的旅遊書，還經常抄襲他們的航海日誌。一方面是因為他想讓自己的報導更引人入勝，另一方面則是，他一直夢想有偉大的發現。很快地，他便遭人斥為太平洋

訊息的說謊家及美國的吹牛伯爵（Baron Münchhausen）。但批評他的人卻不知道，莫雷爾至少還捏造了另一則至今依然撲朔迷離的故事：在某些地圖上，依然標示著一座名為「新南格陵蘭」（New South Greenland）的島嶼。

克洛克島 · 北極海

[Crocker Land]

位置　北緯83度，西經100度

大小　不詳

發現　羅伯·佩里（Robert Peary，1906年）、

唐納·巴克斯特·麥克米倫（Donald Baxter MacMillan，1914年）

地圖　未標示日期（約1910年）

1914 年4月中，格陵蘭以北霧靄濛濛，天空濃雲密布。唐納·巴克斯特·麥克米倫與兩名夥伴及兩名因紐特人（Inuit）來到克洛克島初次被人發現的地點。麥克米倫曾經表示，克洛克島這處神祕的領域，是地球北部最後一個地理上的大謎團。4月21日，霧散雲開。

果然沒錯，陸地在望！麥克米倫突然看到隱約的輪廓：從西南遠遠伸向北北東，幾乎沿著整條地平線。他舉起望遠鏡，將影像調清晰，見到白色的山谷與白雪皚皚的山頭。他興奮得不能自已，兩名夥伴也高聲歡呼。現在他們終於能斷定，這次探查行動已經成功在望；但同行的因紐特人卻默默無語，不以為然。

麥克米倫此行得到美國自然史博物館（American Museum of Natural History）、美國地理學協會（American Geographical Society）與伊利諾大學（University of Illinois）的贊助。他挑選了年輕、幹練的研究人員同行，其中包含一名地質學家、一名動物學家、一名地球物理學家、一名無線電報務員與一名機械工程師，這位工程師同時也負責做菜；此外，還有一名從小就被某探險隊帶往紐約的年輕因紐特人擔任翻譯。

1913年7月2日，這支探險隊從紐約出發，八月中抵達格陵蘭西北端的伊塔（Etah），這是全球最北端的非研究站小型居住區。他們

在當地雇用數名因紐特人蓋了一棟屋子，有八個房間和一間儲藏室。從現在起，這批研究人員僅能靠狗拉的雪橇與外界聯繫。

1914年3月10日，麥克米倫與費茲修‧格林（Fitzhugh Green）、埃爾默‧埃克布勞（Elmer Ekblaw）動身前往北方克洛克島傳說中的位置。數年前，1906年，有人曾經見到這座巨大的島嶼。根據極地探險家羅伯‧佩里的說法，克洛克島在加拿大北極群島上，位於加拿大的埃爾斯米爾島（Ellesmere-Insel）以北距離約210公里處，格陵蘭西北方座標北緯83度、西經100度的位置，離北極點已經不遠了。皮里以其金主喬治‧克洛克（George Crocker）為此島命名。克洛克靠不動產買賣、鐵路與銀行成了富豪。

麥克米倫的團隊在七名因紐特人的陪同下啟程，帶上兩噸重的行囊由狗拉著雪橇，在攝氏零下45度下，準備前往2,000公里外的地方。為了節省儲備，途中會逐一將同行人員遣回位於伊塔的營地。

五個多星期後，4月14日清晨，麥克米倫、格林與因紐特人皮雅—瓦—圖（Peea-wah-to）、艾—妥咖—綏（E-tooka-shoo）冒險來到凍結的冰洋上，搭乘狗拉雪橇向前奔馳。如此過了一個星期，在21日清晨，格林突然朝冰屋內呼喊：「找到了！」地平線上出現了山丘、山谷與山頭：克洛克島就在那裡！

麥克米倫和同伴繼續向北方挺進五日，最後抵達皮里當年僅從遠處見到的地點。當時他以為那裡是1,000公尺高的山峰，但麥克米倫環目四顧，卻什麼都沒見到，只好黯然率領夥伴準備回去。其間，他數度轉身回望，並且在當天夜裡寫下：「這一整天，冰洋的幻景看來有如一片遼闊的陸地，似乎在愚弄著我們。看來彷彿極近，彷彿我們只消掉轉回頭，便可輕鬆抵達。」在心灰意冷之餘他又寫道：「過去四年來我的夢想，如今只是一場空，我的希望如今以極度的失望收場。」

他們才剛踏上堅實的地面，背後的冰層就傳來喀嚓聲，開始出現深深的裂痕，冰面四分五裂。在這千鈞一髮之際，他們能及時離

去，實屬幸運至極！但緊接著，在他們前方又有冰山堆起，麥克米倫與艾一妥咖一綏直接返回伊塔，格林則打算和皮雅一瓦一圖探勘另一個未知地帶，兩人於是乘坐狗拉雪橇離去。這次臨時起意，兩人中只有一人倖存。

暴風雪來襲，大雪迎面撲來。皮雅一瓦一圖火速搭建冰屋，但冰屋小小的開口不斷被冰雪封住，屋內兩人幾乎窒息而死。等到暴風雪和緩下來，格林外出尋找狗群，卻發現牠們在三公尺深處凍僵了。所幸皮雅一瓦一圖的狗還活著，格林氣喘吁吁地拉著自己的雪橇跟在皮雅一瓦一圖後方，但兩人的距離愈拉愈開，格林在後方汗水淋漓地呻吟著，最後不得不取出步槍，喝令皮雅一瓦一圖待在自己後頭。不久格林抬頭張望，卻發現皮雅一瓦一圖正往另一個方向奔逃。事後格林在日記中寫道：「我先朝空中開了一槍，但他並沒有停步，然後我一槍射穿他的肩膀，另一槍射中他的頭部，將他擊斃。」格林隻身返回營地。

麥克米倫一行人困在冰天雪地中長達數月，為了取得救援船隻，1914年12月麥克米倫駕著一輛狗拉雪橇前往格陵蘭南部，在那裡利用無線電和美國聯繫。同行的還有莫里斯・柯爾・坦克里（Maurice Cole Tanquary）。這段路程長達650公里。半途中，他們迷路十天，導致糧食短缺，因此當一隻狗死去時，他們便剝去牠的皮毛，將肉從骨頭上割下來。當兩人抵達一座因紐特人的村莊時，坦克里小心翼翼地脫掉靴子，靴子緊黏著肌膚幾乎無法分離。他雙腳流血、發臭、爛肉鬆垮下垂。接著他重新穿上靴子，返回伊塔，請人切除他的大腳趾。

1915年夏，美國自然史博物館派遣一艘救援船抵達北極。但這艘雙桅縱帆船卻凍在冰面上；1916年，第二艘船同樣卡在冰層，直到1917年，麥克米倫和夥伴才獲救。1917年8月24日，他們在加拿大大西洋岸的新斯科細亞（Nova Scotia）靠岸。這次的探險不僅在知識上毫無收穫，經濟上也慘虧。原先估計的費用是52,000美元，到

頭來花費幾乎是兩倍。麥克米倫幾乎沒帶回多少新知識，關於克洛克島，他能說的只是：這座島人間蒸發了。

　　或許麥克米倫早該料到，在高緯度的北方可能會出現幽靈島嶼。早在近一百年前，1818年，蘇格蘭海軍少將約翰‧羅斯便曾在北極海域尋找西北航道，這是一條繞行美洲北端的航線。回程時，羅斯抵達伊塔以南約350哩處。他認為自己見到遠方有塊多山的陸地阻擋了航道。他以第一海軍大臣約翰‧威爾遜‧克羅克（John Wilson Croker）之名為這座島命名──這座出於臆想的島嶼，先後有過相似但指涉不同人物的名稱，純屬歷史巧合。

ENGROENELAND
(Grönland)
格陵蘭

ISLANDA
冰島

ICARTA
伊卡塔

Duilo
杜伊洛

Golfo norda
諾達海灣

ESTOTILAND
艾斯托提

FRISLAND
弗里斯蘭島

Streme
斯特列梅

Ilofo
伊洛佛

Ledeuc
列堆

Spirige
史匹瑞吉

Porlanda
波蘭大

弗里斯蘭島・北大西洋

[Frisland, Frissland, Frischlant, Friesland, Freezeland, Frislandia, Fixland]

位置　南岸介於北緯60度與61度之間

大小　如愛爾蘭

發現　十四世紀中

地圖　尼科洛・齊諾（Nicolò Zeno，1558年）、

傑拉杜斯・麥卡托（Gerardus Mercator，1569年）、

英吉利輿圖（The English Atlas，1680年）

十六世紀中，威尼斯有本薄薄的書冊出版，書中敘述一則離奇的故事，並附上一幅海圖。小尼科洛·齊諾在書中記載一趟他們祖先令人驚奇的旅程，描述兩百年前，大膽又熱愛旅行的老尼科洛·齊諾（Nicolò Zeno der Ältere）騎士離開家鄉威尼斯，於1380年搭乘帆船渡過直布羅陀海峽，朝大西洋挺進，結果在英格蘭以西遭遇一場風暴。經過數日迷航，他的船在一座未知的島嶼附近擱淺。

正當島民想發動攻擊時，島上的君主現身將島民趕走，並以拉丁語和老齊諾一行人交談。得知他們是義大利人，這位君主非常高興，表示歡迎這些貴賓來到弗里斯蘭。這位統治眾多島嶼的君主自稱是吉辛尼（Zichmni），他帶領老齊諾登上自己的船。很快地，尼科洛·齊諾便征服了一些小島、掠奪到一些小船、探查附近水域，並受吉辛尼王封為騎士。齊諾一行人遷往首都弗里斯蘭大（Frislanda）。從弗里斯蘭大的港口，有大量漁獲出口到法蘭德斯（Flandern）、英國、挪威與丹麥。

有一天，老齊諾寫信給弟弟安東尼奧·齊諾（Antonio Zeno），催他離開威尼斯，前來弗里斯蘭與他團聚。數週後，兄弟兩人開心擁抱，不久還共同攻打愛沙尼亞（Estland）、塔拉斯（Talas）、布羅斯（Broas）、伊斯坎特（Iscant）、特蘭斯（Trans）、密曼特（Mimant）、丹伯勒（Dambere）與布雷斯（Bres）等島嶼，甚至在吉辛尼的指揮下前進冰島，但因當地居民在高牆後方奮力堅守，未能攻克。之後齊諾兄弟的帆船隊伍繼續朝北方格陵蘭的方向前進，但書中並未提及詳細地點。他們見到遠方有山岳噴發火焰，當地的房屋全以火山岩建造，庭院中生長著花卉、香草與果實。他們還遇到了一群道明會（Predigerorden）修士，見到一座以溫泉供應暖氣的聖湯瑪士教堂。在長達九個月的冬季，尼科洛·齊諾病倒了，但仍勉強撐著返回弗里斯蘭，在那裡離開人世。

安東尼奧繼承了尼科洛的遺產，並請求吉辛尼准許他返回義大利，卻未獲允許，吉辛尼還有任務委令安東尼奧：有漁夫在弗里斯蘭

以西1,600公里處發現一座名為「艾斯托提」的富庶島嶼，並在返鄉後提到當地有人說拉丁語，還提到城堡、文字和金礦、穀物種植、啤酒與帆船，不過當地人並不知羅盤為何物。

為了尋找這座島嶼，安東尼奧必須擔任船長遠航。故事描述，他們揚帆前往里多沃（Ledovo），探查伊卡利亞海（Icariasche Meer），逆風西行前往一座寧靜的島嶼，然後停靠在寬闊的海灣內，登陸走過一片青草地，他們見到了一座冒煙的山，還看到大量的魚群、豐饒的土地與羞怯、矮小且未開化的穴居民等，令他們大開眼界。吉辛尼準備在那裡建設一座城鎮，並命令安東尼奧將所有不願留在當地的男子帶回弗里斯蘭。

安東尼奧從艾斯托提啟程，向東往弗里斯蘭的方向航行20天，接著五天轉向東南方在離弗里斯蘭不遠的尼歐梅（Neome）停泊，故事到此便結束了。

小尼科洛・齊諾在書的後記寫道，他童年時發現了祖先的信件，閱覽過後便將這些信函撕成碎片。當時他還年幼，他坦言：「如今回顧，此舉令我羞愧難當。」然而，祖先的故事不該就此遭人遺忘。1558年，伴隨此書，他也發表了北大西洋的詳細地圖。在這張地圖上，弗里斯蘭比愛爾蘭更大。他寫道，原版地圖連同其他古老物品都收藏在他家中，內容很容易辨讀。

歐洲製圖師對齊諾地圖大感驚異，圖中許多細節頗為可信。1569年，傑拉杜斯・麥卡托將弗里斯蘭島收入他的地圖裡，位置在冰島以南；亞伯拉罕・奧特柳斯甚至認為，發現新大陸，或至少最先發現美洲北部，名為艾斯托提且距離歐洲最近的島嶼，以及發現格陵蘭、冰島與弗里斯蘭等島的人，並非哥倫布。奧特柳斯認為最先踏上這些地區的是弗里斯蘭的漁民，後來安東尼奧・齊諾又再度發現了這些地方。

英國王室宣布弗里斯蘭為英國所有。「在第五小時左右，我向女王、女王祕書沃辛漢（Walsingham）報告，並向女王說明，她可以

對格陵蘭、艾斯托提與弗里斯蘭提出怎樣的要求。」1577年11月28日，數學家約翰·迪伊（John Dee）在日記中如此寫道，並宣稱這些土地早已歸屬英國：「大約在530年，亞瑟王不僅征服了冰島、格陵蘭島與所有直到俄羅斯的北方島嶼，他的統治權更遠達北極。他曾派遣殖民主義者前往當地，以及所有介於蘇格蘭與冰島之間的島嶼。由此來看，最後提到的弗里斯蘭很可能是古代英國的發現與屬地。」

在十九世紀，某些歷史學者深入研究了齊諾兄弟的故事，一一剖析四百多篇的文章與書籍細節：尼科洛與安東尼奧確實是威尼斯的航海家，但尼科洛並不是在1394年死於弗里斯蘭；那一年他遭人控告，在威尼斯法庭受審，罪名是他在希臘身為軍政長官，盜用公帑。學者指出，齊諾地圖的諸多細節乃抄襲較古老、已經失佚的地圖。

儘管如此，這則故事也可能有其真實之處，或許只是年代有誤。書中描述的風光與法羅群島（Färöer-Inseln）極為相似，也許書中描述的火山便是齊諾兄弟航行時見到的冰島上的火山。此外，在當時，格陵蘭島的加達（Gardar）也已存在一座大教堂——加達位於格陵蘭南部一處肥沃的平原，也是當時主教府所在地。至於艾斯托提，既是作者也是船員的唐納·強生（Donald Johnson）認為，可能是位於美洲前方的拉布拉多半島（Labrador-Halbinsel）。假使艾斯托提為愛爾蘭修士所建，就能說明當地人為何用拉丁文與來自歐洲的漁民交談了。

真相也可能更簡單：小尼科洛·齊諾生活在威尼斯，全世界的船員在此上岸，聚集在港口附近下等酒吧，講述他們冒險故事的城市。齊諾只需仔細聆聽，再將這些故事記錄下來即可。就此而言，雖然他的書不是祖先的真正經歷，倒也不失為當時的口述見聞；倘若沒有齊諾的書，這些見聞也就失傳了。

冷知識

1998年，奧克尼伯爵（Earl of Orkney），亨利一世・辛克萊爾（Henry 1. Sinclair）的後裔慶祝美洲發現六百週年。這個家族認為自己的祖先便是吉辛尼，並且宣稱在羅斯林禮拜堂（Rosslyn-Kapelle）找到了證據。這座在十五世紀建於蘇格蘭羅斯林村的哥德式禮拜堂，是亨利一世・辛克萊爾下葬之地。禮拜堂建成於1446年，比哥倫布發現美洲的時間更早。據說其拱頂裝飾有玉米圖案，然而在建造這座禮拜堂時，玉米只生長在美洲，歐洲人尚不知玉米為何物。由此推論，應該是辛克萊爾在某次海上旅行時，將玉米從美洲帶回的。

哈姆斯沃思島 · 北極海

[Harmsworth-Insel, Alfred-Harmsworth-Insel]

位置 北緯57度

大小 不詳

發現 1897年

地圖 不詳

Albert-Eduard-Insel
亞伯特愛德華島

HARMSWORTH-INSEL
哈姆斯沃思島

Arthur-
Insel
亞瑟島

Prinz-Georg-Land
喬治王子島

Alexandraland
亞歷山卓拉島

Rudolf-Insel
魯道夫島

Karl-
Alexander-
Insel
卡爾亞歷山大島

Salisbury-Insel
索爾茲伯里島

Zichy-Land
齊希蘭

Wilczek-Land
維瑟克島

FRANZ-JOSEF-LAND
弗朗茨約瑟夫群島

Hall-Insel
霍爾島

Hooker-Insel
胡克島

McClintock-Insel
馬克林托卡島

Salm-Insel
薩利姆島

1931 年7月24日清晨8點35分，全世界最大的飛船從位於腓特烈港（Friedrichshafen）的機庫中運出，數百名群眾揮舞著手帕歡送。這架LZ 127型齊柏林伯爵號飛船（Graf Zeppelin）長236.6公尺，直徑30.5公尺，由五具各2,850匹馬力的汽油引擎驅動，營運航速每小時115公里，船體下的吊艙設有25名旅客的艙室，另有一間五乘六公尺的交誼室與一間廚房。齊柏林伯爵號曾經飛往北美洲、東方、南美洲、俄羅斯、大不列顛，還曾環繞世界一周。

這天，這架齊柏林飛船即將展開首次的北極之旅，將又是一次破紀錄的嘗試，也是絕佳的飛船宣傳活動。在齊柏林飛船公司董事胡果・艾肯納（Hugo Eckener）的領導下，這趟探險之旅預計飛越柏林與列寧格勒（Leningrad），前往弗朗茨約瑟夫群島，經過哈姆斯沃思島，後者位於巴倫支海（Barentssee），距北極不遠。飛船將從那裡朝東飛行，前往西伯利亞前方的群島，最後返回德國。六天中飛行13,000公里的旅程，多數的時間都處在酷寒的氣溫下。

胡果・艾肯納進入吊艙，30名機組人員也隨後進入，接著是12名來自德國、蘇聯、瑞典與美國的探險家及三名記者，其中一位年輕人名叫亞瑟・庫斯勒（Arthur Koestler）。艾肯納不僅是工業家，也是國際飛行器北極研究協會（Internationale Studiengesellschaft zur Erforschung der Arktis mit Luftfahrzeugen，簡稱Aeroarctic）的會長。他籌劃此次航行已久，其間經常與羅爾德・阿蒙森（Roald Amundsen）會面。阿蒙森是首位抵達南極的探險家，這次探險他本該與艾肯納同行，但他在更早前於挪威的熊島（Bäreninsel）失去蹤跡。

此刻齊柏林飛船開始升空，觀眾再次揮舞手帕。艾肯納曾經擔任記者，知道如何塑造傳奇。齊柏林伯爵號原本要在北極與鸚鵡螺號（Nautilus）潛水艇相會，如此呈現在媒體眼前的，將會是一場絕妙景象，而媒體也能大大渲染一番：飛船與潛艇相遇！在北極！歷史性的一刻！然而，鸚鵡螺號在挪威陷入冰層中，因此改為與蘇聯的破冰船「馬雷金號」（Malygin）在弗朗茨約瑟夫群島前相會。

在此之前，飛船從未如此遠達北方。「從前徒步前往的探險家，想必經常眺望遼闊的天空。他們必然會想，從空中俯瞰這片土地，該是怎樣的光景。」同在飛船上的美籍探險家林肯‧埃爾斯沃思（Lincoln Ellsworth）與愛德華‧史密斯（Edward Smith）如此寫道。但此行探險家在意的不只是途中的美景，他們也想檢視現地圖是否正確，更希望能發現未知的島嶼。在二十世紀，若想在地球上成就驚天大發現，哪裡還有比極地更合適的地方呢？

傍晚六點左右，這群旅人在柏林降落。翌日清晨，齊柏林伯爵號繼續向北飛往赫爾辛基，接著朝東前往列寧格勒，在當地的飯店過夜。在接下來的旅途中，這群探險家見到了飛船下方的彼得保羅要塞（Peter-und-Paul-Festung），接著是海洋、森林、住宅區，並逐漸接近極北的無人地帶。下午，飛船飛越世上最大的木材出口港阿爾漢格爾斯克（Archangelsk），當地的水道都被砍伐下來的樹幹阻塞。晚間七點，飛船飛越北極圈，當眾人抵達北極海，從東方吹來的風開始增強，氣溫下降，他們已經離開溫暖的氣候帶，進入寒冷的北極空氣中。齊柏林伯爵號沿著海岸線飛行數小時，時而在500公尺或200公尺的高度。從上方可看到岸邊的木料與捕捉鮭魚的捕魚籠。

翌日清晨，飛船來到俄國大陸最北方的卡寧角（Kap Kanin）。蒲福氏五至六級的清風從北北西方向吹來，巴倫支海展現於眾人眼前。飛越海上前往弗朗茨約瑟夫群島航程約2,500公里，為了節省燃料，艾肯納下令關閉五具引擎中的兩具，夜間則借助風力前進。上午，飛船上的探險家見到在海上漂流的木材與浪頭上的鳥兒。齊柏林伯爵號在迷濛的霧氣中滑翔，外頭溫度只有四度。飛船飛得更高，最後爬升到上方僅剩一片藍天、下方是一片白茫茫的霧海。上午，機組人員以無線電和在胡克島前方等候他們的馬雷金號聯絡。

直到40年前，弗朗茨約瑟夫群島才被收入地圖。在英國出版人艾爾弗雷德‧哈姆斯沃思（Alfred Harmsworth）的贊助下，英國極地探險家弗雷德里克‧喬治‧傑克森（Frederick George Jackson）率領一

支探險隊，自1894到1897年探查廣大的島嶼區，以其開拓性的成就向世人證明，那裡有近兩百座島嶼，而非如前人所假設的是一塊大陸。此外，他還在這處群島的西北方發現一座不為人所知的島嶼，並以其贊助者哈姆斯沃思為這座島嶼命名。後來齊柏林伯爵號上的乘客，想必也會見到這座島嶼。

馬雷金號以無線電告知，北緯78度開始結冰，除此之外則吹著溫和的東北風，有薄霧。雲層在齊柏林伯爵號下方緩緩散去，海面上浮冰漂流，厚度僅一公尺，如此之薄，很可能是去年冬天才形成的；然後，風力轉弱。

下午時分，弗朗茨約瑟夫群島以南的幾座島嶼已經在望。諾斯布魯克島（Northbrook-Insel）的芙蘿拉角（Kap Flora）沒有任何冰川，光裸著向前延伸出來，是極地探險家難以忘懷的地點。從海上登上諾斯布魯克島並不困難，許多探險行動都是從這裡展開考察。

17點45分，齊柏林伯爵號在胡克島上空盤旋，島上一處山崖底部座落著蘇聯的廣播暨氣象站，馬雷金號就停靠在海岸前。此時海上風平浪靜，也不見任何浪沫，齊柏林伯爵號的影像倒映在海面，此時海上漂著些許冰塊。艾肯納下令備妥充氣式浮碼頭當作浮圈，然後飛船緩緩降落。在海面上方30公尺處，將綁著繩索、盛著水的圓木桶一一放下，利用這些額外的重量將飛船再往下拉，接著拋錨停泊。

馬雷金號也派出一艘小艇，當小艇來到齊柏林伯爵號前，就在吊艙側門與小艇船頭之間，兩方人馬紛紛握手，好幾袋郵袋也在此易主。從飛船上遞交出重約300公斤、來自全世界的50,000件郵件；馬雷金號則遞交重達120公斤的郵件。事實上，這趟旅程部分也是仰賴出售郵票的金援。

突然間，一大塊浮冰撞上了齊柏林伯爵號，必須立刻將圓木桶內的水放空、啟錨。不過才停泊了15分鐘，飛船又再度升空，繞著喬治王子島來個大轉彎，接著在能見度達60公里的絕佳視野下向東飛行。喬治王子島是弗朗茨約瑟夫群島中，最大也最長的島嶼。

哈姆斯沃思島

此刻，幾處地圖上的錯誤顯而易見：阿米塔吉島（Armitage Island）並非島嶼，而是屬於喬治王子島的一處半島，至於亞伯特愛德華島則根本不存在，直到地平線都不見陸地的蹤影。「聽起來或許很怪，哈姆斯沃思島也不存在。」在該在的位置，除了黑黝黝的北極海與從上方飛過的飛船明亮的倒影，什麼都看不到。」記者庫斯勒如此寫道，而科學家埃爾斯沃思則在18點45分左右以無線電和美國地理學協會聯絡：「在不列顛海峽（Britischer Kanal/ British Channel）以南120哩處開始出現零星的浮冰。現在飛船正繞著亞歷珊德拉島飛行。目前的地圖不正確，亞伯特愛德華島與哈姆斯沃思島並不存在。」這是一則簡短的訊息，但出版人同時也是哈姆斯沃思島之名由來的艾爾弗雷德・哈姆斯沃思本人卻不知道此事，因為將近十年前，他已於倫敦過世。

接著，齊柏林伯爵號轉向東北方。飛船上的乘客果真在一處海灣見到幾座無人知曉、地圖上也尚未標示的小型岩石島。出發後的第四天，將近午夜時分，飛船繞著魯道夫島的弗利格利角（Kap Fligely）盤旋，這裡距北極點不到800公里，是這趟探險之旅的最北端，也是歐亞大陸的最北點。艾肯納與埃爾斯沃思眺望著北方，在午夜太陽逐漸隱沒的地平線上閃爍著一片微光，周遭沐浴於柔和的光線中，只有一道閃爍的金色光芒從冰上劃過。

飛船自250公尺高處開始降落，越過兩塊彼此互相重疊的光滑浮冰。冰原上，融化的冰形成水窪。而在某些水窪中漂著褐、綠、黃色斑點，這彷彿是從遠古時期便生長其中的水藻與浮游植物的葉綠素所形成的。

7月28日清晨吹起微風。齊柏林伯爵號以時速105公里的速度穿過薄霧，乘客們望著西伯利亞前方的北地群島（Sewernaja Semlja）。在飛船下方，險峻的白色陸地鋪展開來，這片土地未曾有人報導。淺淺的冰河逐漸轉變為洋冰，冰河與洋冰幾乎已經無法分辨。接著飛船向西飛越一片陸地，底下是泰梅爾半島（Taimyr-Halbinsel），那裡有

著褐、綠、紅三色苔原。海岸附近成千上萬隻鳥兒忙著孵卵；平原上，成群走動的麋鹿一見到飛船，就立刻四散奔逃。

飛船再次飛越海洋，前往新地島（Nowaja Semlja），這是位於北極海，形狀狹長、900公里長的雙連島。這天是此次旅程的第五天，飛船上的人員首次見到高山冰河。下午越過巴倫支海返回，傍晚時飛經阿爾漢格爾斯克。

隔天，飛船在柏林的滕珀爾霍夫（Tempelhof）停留半小時，上千名群眾揮舞著手帕熱烈歡迎。1931年7月31日清晨五點左右，齊柏林伯爵號悄悄降落在腓特烈港。

直到今天，當時資助過這趟探險之旅、郵資已付的原版信件，依然在收藏家之間流通著。

胡安德里斯本島 · 印度洋

[Juan de Lisboa]

位置　東經73度36分，南緯27度34分

大小　不詳

發現　不詳

地圖　約翰尼斯・范・克倫（Johannes van Keulen，1689年）

Cargados-Carajos-Inseln
卡加多斯－卡拉苦斯群島

I. de S. Maria
聖瑪麗亞島

MADAGASKAR
馬達加斯加島

S. Apolonia
聖阿波羅尼亞島

Do Mascarenhas
馬斯克林

JUAN DE LISBOA
胡安德里斯本島

「能不能弄到一些凌虐人的恐怖新聞？」1888年秋天，德意志帝國宰相奧托·馮·俾斯麥（Otto von Bismarck）曾如此指示，他需要出兵攻打德國東非新殖民地的好理由。當時德意志帝國以殘暴的手段在當地掠奪土地，於是在東非海岸的人民挺身反抗，希望繼續接受桑給巴爾蘇丹國（Sultanat Sansibar）的統治。為了找到派遣海軍鎮壓的理由，俾斯麥公然宣稱，這次的反抗行動是由狂熱的奴隸販子操縱的。

11月4日，柏林發出一封電報致派駐東非的指揮官：「皇帝召令：針對奴隸買賣及與英國聯手的軍需品進口行為，對桑給巴爾蘇丹國在大陸的港口施以嚴格制裁。」所有嫌疑船隻等，不論船籍一律搜查，若經查屬實便予以佔領。

12月初，最先四艘巡洋艦與炮艇在這處德國殖民地前方海域上巡邏。「如今在沿海一帶來回追擊東非三角帆船，每隔五、六週便前往桑給巴爾取煤、購買幾鐵盒的罐頭食品等。」某少尉如此記載。膳食不佳，天候也不舒適。

之後數月，有上千艘船隻遭到搜查，但僅查獲數艘目標。12月5日，德國海軍救出一艘三角帆船上的87名奴隸，這種帆船是當地常見的帆船類型；12月中，甚至救出146名，是最成功的一次行動。在這兩次行動中，巡洋艦將奴隸船拖到海岸邊，將這些船隻鋸毀後置於岸上示眾，獲救的奴隸則分別送往各處的基督教宣教站。

史上最離奇的解救奴隸行動，發生在1888年聖誕夜的印度洋上。當時萊比錫號（Leipzig）巡洋艦上的德國海員查獲一艘三角帆船，船上有五名白人奴隸被綁縛著躺在下甲板。他們操著流利的法語，名字分別是山謬（samuel）、威廉（Wilhelm）、卡西米爾（Kasimir）、奧古斯特（August）與班傑明·馮·班尤夫斯基（Benjamin von Benjowski）。經過宣教站人員悉心的照顧後，他們向一名年輕牧師談起曾祖父莫里茨·奧古斯特·馮·班尤夫斯基（Moritz August von Benjowske）的事蹟。十八世紀末，莫里茨在馬達加斯加島上建立了

一處小社區，以法王的名義建設一座土屋小村。他們的曾祖父在當地舖設馬路，與其他島嶼通商並為人調解糾紛。馬達加斯加島上的居民極為敬重他，甚至推舉他為國王。但後來法國不再支持他，甚至派兵攻打他。在某次小型衝突中，莫里茨右胸遭一顆子彈射傷，他藏匿在密林中，數日後才帶領追隨者乘船，逃往胡安德里斯本島。

在十七世紀，有法國船長發現了胡安德里斯本島，在地理學者約翰尼斯‧范‧克倫一張1689年的地圖上，此島位於馬達加斯加島以東，外形有如一隻剛躍出水面的海豚。由於後來再也沒有人見過這座島嶼，一般認為它已經消失了，因此是遭追殺者絕佳的藏匿地點。

這五名莫里茨的曾孫還告訴牧師，胡安德里斯本的島民同樣敬莫里茨如神，他們推舉他治理當地。莫里茨創建了一座城鎮，與某部落族長的女兒結婚，並以她為女王。兩人共同成立議會，採行自由選舉制，並生養眾多子女，而胡安德里斯本島也和平度過了一百多年。後來奴隸販子來到，如今他們終於獲得萊比錫號的解救。但這五名奴隸不願吐露胡安德里斯本島明確的位置，他們希望它再次遭世人遺忘。

冷知識

《衛報》（*The Guardian*）虛構的聖瑟里夫島（San Serriffe）也許便是以胡安德里斯本島為原型。1977年4月1日，這份英國報紙以七頁的版面介紹一座叫做聖瑟里夫的島嶼，宣稱是為了慶祝革命十週年紀念。記者寫道：1967年4月1日，當地居民起義，趕走獨裁者皮卡（Pica）將軍，改而施行激進民主制。《衛報》振奮地總結道：聖瑟里夫經濟繁榮、社會進步，在議會中的討論也不受限於政黨意志。

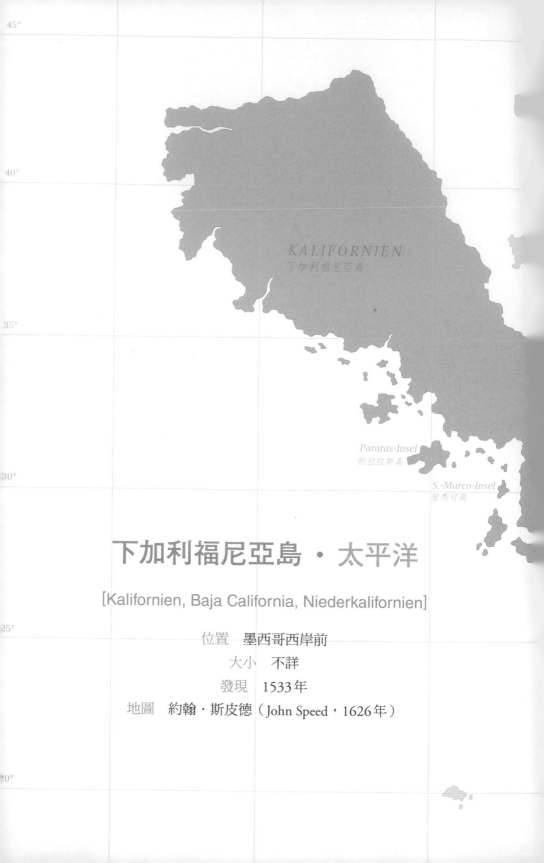

45°

40°

35°

30°

25°

20°

KALIFORNIEN
下加利福尼亞島

Pararas-Insel
帕拉拉斯島

S.-Marco-Insel
聖馬可島

下加利福尼亞島・太平洋

[Kalifornien, Baja California, Niederkalifornien]

位置　墨西哥西岸前

大小　不詳

發現　1533年

地圖　約翰・斯皮德（John Speed，1626年）

1533 年 11 月 28 日夜晚，一群陰謀者聚集在甲板上。他們再次張望，彼此點頭示意，接著康塞普西翁號（Concepción）的大副富爾屯・西蒙涅茲（Fortún Ximénez）、富爾屯的兄弟與數名巴斯克人（Baskenland）紛紛衝向船長室，抽出匕首破門而入。脾氣暴躁的船長迪耶哥・德・貝塞拉（Diego de Becerra）驚醒，從床上躍起。眾人發動攻擊，紛紛刺向他的腦袋、手臂與大腿。貝塞拉尖叫著倒退，最後胸口撞上了床，而他鮮血直流的身軀則被人用鏈子綑綁在床邊。之後，這群人轉而衝向西班牙軍官的艙室，幾乎將所有軍官殲滅。

從此刻起，這艘西班牙大帆船改由西蒙涅茲指揮。一個月以來，康塞普西翁號都沿著墨西哥太平洋岸向北航行，意圖尋找一座作家加西亞・羅德里格茲・德・蒙塔爾沃（Garci Rodríquez de Montalvo）在 20 年前描述過的黃金之地與一道自太平洋通往大西洋的海峽。西班牙地理學者堅信這樣的海峽確實存在，而這道所謂的亞尼俺海峽（Straße von Anián）應該離赤道不遠。一旦發現這道海峽，就不必繞過南美洲走遠路；而從西班牙前往中國的海路，航程也將大為縮短。

12 月，西蒙涅茲指揮的帆船駛入一處寬闊的海灣：他從右舷上看到一片大陸，從左舷上同樣也見到一片陸地，於是將左舷見到的陸地命名為「Baja California」（下加利福尼亞）。他堅信，那是一座島嶼。

「聽好，印度右手邊有一座名為加利福尼亞的島嶼，此島極似人間天堂。」蒙塔爾沃在小說《艾斯普朗迪安的英雄事蹟》（Die Heldentaten Esplandians）中如此寫道。他說，島上全是黑人女性，沒有男性，因為她們的生活方式類似亞馬遜女戰士，身材高大健美、熱情如火且品德高尚。他仔細描述：「她們的武器以黃金製成，而經她們馴服供騎乘的野獸所披的胸甲也是。島上遍布黃金與寶石，並無其他金屬。」其女性統治者名叫加莉菲亞（Califia），這位女王容貌端麗，比其他人都更美麗。她丰姿綽約、雄圖大略、寬宏大量且膽識過人。五百隻半鷹半獅的猛獸護衛著這個女性部族，一旦有男人接近，

下加利福尼亞島

牠們便會從空中向下撲襲。

西蒙涅茲相信自己發現了蒙塔爾沃所說的島嶼。為了尋找淡水，他冒險率領21名手下划船前往下加利福尼亞島。其他夥伴就在大船上眼睜睜地看著持矛的武裝印第安人突然現身，將西蒙涅茲連同手下殺死。

康塞普西翁號急忙揚帆向南行駛，數週後抵達太平洋岸的阿卡普爾科港（Acapulco）。返鄉的船員向委託者——即征服者埃爾南·科爾特斯（Hernán Cortés）——報告發生在下加利福尼亞島海岸的不幸事件。

六年後，1539年，科爾特斯派遣法蘭西斯科·德·烏羅亞（Francisco de Ulloa）再度尋找深具傳奇色彩的亞尼俺海峽。7月8日，烏羅亞率領三艘船離開海岸城市阿卡普爾科，沿著海岸線航行，遠抵介於下加利福尼亞與墨西哥之間的水路。但這條水路逐漸變窄，到了科羅拉多河（Colorado River）極北端的河口，便成了一條死胡同。原來那並非亞尼俺海峽，而是一處望不到盡頭的巨大海灣。

烏羅亞掉轉回頭，改為向南行駛，沿著下加利福尼亞半島航行，接著繞過半島南端，在太平洋岸再次北轉。後來在某次風暴來襲時，聖湯瑪士號（Santo Tomás）沉沒，探險隊以兩艘船繼續前進，隨後暴風雨再次來襲，烏羅亞的特立尼達號（Trinidad，譯註：意為「三位一體」）也失去了蹤影。

回到阿卡普爾科之後，第三艘船聖阿奎達號（Santa Aqueda）的工作人員報告了船難消息，以及下加利福尼亞不過是一處長形半島這個令人失望的事實。此後，歐洲重要的地理學者便在地圖上將這處半島正確標示；而這則故事至此也該告一段落。

然而，到了十六世紀末，這則傳奇卻死灰復燃：本名約安尼斯·富卡斯（Ioannis Phokas）的希臘航海家胡安·德·富卡（Juan de Fuca）打著西班牙的旗幟探查北美洲西岸，在返回歐洲後，他誇耀自己已經找到了亞尼俺海峽。他表示，該海峽位於北緯47與48度之間，

而穿過亞尼俺海峽到大西洋，大約只需20天的航程——根據他的說法，下加利福尼亞應該是座島嶼沒錯。他還順便提到，這處位於亞尼俺海峽旁的陸地「極為富饒，擁有豐富的金、銀與珍珠」。不久，他描述的故事便傳播到倫敦，在當地的製圖師之間廣為流傳。

1626年，英國人約翰·斯皮德發表了一份優秀的新大陸地圖，首度清楚標示美洲大陸的海岸。此外，斯皮德還繪製了八張詳細的城鎮景觀圖與十張原住民圖像，不過，在背面以蔑視的語氣描述他們的野蠻風俗和偶像崇拜。他質問，否則他們怎麼會把尋常的歐洲人當成神呢？他指出，當地原住民都是化外之民，而且「他們凶狠殘酷，簡直源自地獄」。斯皮德的地圖形塑了人們對新大陸的印象，但這幅地圖卻存在一個小瑕疵：在地圖上，下加利福尼亞被畫成了島嶼。

80多年來，世人對這則傳說一直深信不疑。到了十七世紀末，耶穌會傳教士尤塞比歐·弗朗西斯科·基諾（Eusebio Francisco Kino）才終於證實，下加利福尼亞只是一處半島。基諾曾經在德國南部攻讀神學、數學與天文學。1681年春，他抵達西班牙殖民地以北的上皮梅利亞地區（Pimería Alta），並立刻著手建立宣教站。他勘查這一帶逾20年，完成道路網，並跋涉至科羅拉多河；科羅拉多河最後流入美洲大陸與加利福尼亞半島之間的遼闊海灣。1702年，基諾完成一幅地圖，並註明這個發現，同時將副本送往巴黎，在一份耶穌會的刊物上發表，後來更收錄於德尼·狄德羅（Denis Diderot）的《百科全書》（*Encyclopédie*）。

但在美洲，這項傳說依然繼續流傳，甚至到了1746年，還有一支探險隊從墨西哥出發，意圖向全世界證明下加利福尼亞是座島嶼，最後當然是以失敗收場。直到十八世紀中才終於證明，美洲西部從未有過神祕的亞馬遜女戰士之島。

康提亞島 · 加勒比海

[Kantia]

位置　緯度14度
大小　不詳
發現　1884年
地圖　不詳

1884 年，海洋學家約翰・歐托・波爾特（Johann Otto Polter）的帆船經過加勒比海，當他來到緯度14度時，見到海上矗立著一座島嶼。此島位於安的列斯群島外緣以東數海里處，尚未收入當時的地圖。「東方，大西洋的浪花威猛地沖擊多岩的海岸；南方與西方，淡碧的海卻拍著亮白的沙灘。此島北方雄據著一座山岳，南方則相對平坦──而且不論何處，土壤都極為肥沃。」接著他寫道：「當地野人一如上帝初創他們時，光裸著身子行走，且體態極佳──而且看起來相當和善，真是人間的樂土。為了榮耀我們最偉大的思想家康德（Kant），我要將它命名為康提亞（Kantia）。」

　　四年後，1888年，波爾特打算好好考察這座島嶼，以便將樂土「移往我們的德國家鄉。」身為萊比錫富商之子，他自行出資贊助這次的探險行動，只是康提亞島卻未再次出現。1903年與1909年，他的搜尋行動再度以失敗告終，但波爾特終其一生都不相信那只是一場蜃景。即使直到白髮蒼蒼，在一張照片上，他依然自豪地望著遠方，左手握著表彰他發現康提亞島的文件，文件下方寫著：「效忠德意志帝國皇帝與普魯士國王威廉二世（Wilhelm II）陛下」。康提亞島是德國人心靈嚮往的地方，而約翰・歐托・波爾特「就各方面而言，都是一位傑出的航海家」，瑞士專欄作家塞繆爾・何索（Samuel Herzog）在2004年5月22日的《新蘇黎士報》（*Neue Zürcher Zeitung*）上

促狹地表示。何索推測，也許波爾特算錯了康提亞島的位置；又或許當時他正發著高燒，或是灌下了太多的蘭姆酒。

五年後，2009年8月25日，維也納的《標準日報》（*Standard*）舊事重提，並且認為波爾特苦苦追尋的應該是一座幽靈島。不久，有位署名佟卡（Tonka）的維基百科寫手在這部網路百科上撰文，隨後英語維基百科也發表了一篇文章。一時之間，康提亞島有如海上漂流物般，紛紛攻佔各報副刊，一名《世界報》（*Die Welt*）的記者甚至宣稱，康提亞島「曾經出現在地圖上」。就這樣，康提亞島的樣貌才逐漸清晰。相同的情況也見於「安提利亞」，此島一度僅在某一幅地圖上出現其名，畫出形貌則是後來的事。

後來一篇論文探討過康提亞島，而這篇文章又受《南德日報》（*Süddeutsche Zeitung*）的好評，隨後「德國廣播電台」（Deutschlandradio）、《醫師公會會刊》（*Ärzteblatt*）、《萊茵郵報》（*Rheinische Post*）、柏林《鏡報》（*Der Tagesspiegel*）與《時代週報》（*Die Zeit*）等報刊，也都有著墨。

這是一則神奇的故事，絕對是純屬虛構的故事，是何索某次發現了一個裝有黑白舊照片的鞋盒之後，自己想像出來的。部分照片上的人物再也無人認識。為了更深入探索他們，何索於是編造種種關於他們的故事，包括波爾特及康提亞島的事蹟。誰曉得呢？在這些報導的加持下，說不定世上真的存在一座康提亞島呢！

基南島 ・ 北極海

[Keenan Land]

位置　阿拉斯加以北

大小　520平方公里

發現　1870年代

地圖　阿道夫・施蒂勒（Adolf Stieler，1891與1907年）

RUSSLAND

俄國

十九世紀末，船長約翰・基南（John Keenan）在北極水域迷航，漫無方向地渡過阿拉斯加以北的波弗特海（Beaufortsee）。基南指揮的捕鯨船斯坦堡號（Stambul）自美國新貝德福德（New Bedford）啟航，在天氣突然變臉時，這支隊伍已經捕獲好幾隻鯨魚。至於接下來發生了什麼事，則難以確實重建，因為各種說法互相矛盾，資料也過於匱乏。

「他們升起部分風帆向北行駛，」一名船員向博物學家馬庫斯・貝克（Marcus Baker）如此說明，接著他說：「當濃霧散去時，北方清楚出現一片陸地，船上所有的人員都看到了。但他此行的目的不在追尋新發現，而且那裡也不見鯨的蹤跡，因此他不得不再次向南航行，繼續尋找目標。此行是否成功，端看捕獲的鯨魚數量。」

另一種更慘烈的說法提到風暴來襲：第一場狂風吹來時，船舵便四分五裂，桅杆也斷裂。斯坦堡號往北方漂流數日，最後在阿拉斯加以北約500公里一處不知名的陸地擱淺。基南和他的手下在當地最高的位置升起美國國旗及修理船隻，並向華府通報他們的發現，可惜後來基南遺失了相關的紀錄。

在十九世紀，曾經有捕鯨人談起在波弗特海上見到山嶺與島嶼，一些地理學者也相信阿拉斯加以北有塊陸地，並且認為這塊終年冰雪不融的陸地與海底固著在一起，因此不會移動。有人甚至推算這塊陸地的面積，並將可能的位置標誌在地圖上，認為這座島嶼遲早會被人發現。

德國的製圖師對基南島的發現也有所聞：1891年，基南島出現在以製圖師阿道夫・施蒂勒為名的《施蒂勒世界圖冊》（*Stielers Hand-Atlas*）當中；在1907年版的地圖上，這座島的名稱更正為「Keenan Land」。

從1913到1916年，有一支加拿大北極探險隊來到這一帶，但並未見到基南島。1937年，有一架飛機曾在當地搜尋一名失蹤者，也未見到任何陸地。

直到空軍飛行員約瑟夫‧奧蒂斯‧弗雷舍（Joseph Otis Fletcher）才終於揭開了這個祕密。1946年某次飛越波弗特海時，他注意到有異常的雷達訊號，接著他突然看到下方有座由冰雪構成的巨大島嶼，島上有山谷、丘陵。他在此島上方飛行數小時，測得島嶼大小約為520平方公里。這座漂浮型的台狀冰山必須從空中俯瞰才看得到，從地面上根本看不出是島嶼；若從遠處眺望，則只看得到上頭的山嶺與山谷。這種「冰島」多年來一直悄悄地跟隨海流移動，而這座浮島夾帶的卵石使它看來彷彿是一塊陸地。

高麗島・太平洋

[Korea, Cooray, Insula de Core, Ylhas de Core]

位置　北緯37度30分0秒、東經127度0分0秒

大小　220,000平方公里

發現　約1585年

地圖　林斯霍滕（Linschoten，1596年）

KOREA
朝鮮

CHINA
中國

JAPAN
日本

Ladrone-Insel
泛匪島

沒有人注意到這個密探。尚・哈伊根・范・林斯霍滕（Jan Huygen van Linschoten）雖然是荷蘭人，但他在巴塞隆納經商多年，能說得一口流利的西班牙語和葡萄牙語。1583年，他動身前往印度，準備在果阿邦（Goa）接任葡萄牙總主教祕書的職位，屆時他的辦公桌上將會出現許多本來不能讓荷蘭人見到的信函。

長久以來，荷蘭人都經由葡萄牙採購貨物。但三年前，葡萄牙遭西班牙佔領，所有停靠在里斯本港的外國船隻都遭扣押，導致荷蘭喪失了香料生意。

林斯霍滕在果阿邦為他的祖國搜集所有的東亞貿易與水路資訊。很快地，他便開始摹繪殖民強權的祕密地圖。這種工作相當危險，因為關於這些航線的知識是專屬於統治者。某次，在前往印度西岸另一座港口的航程中，他結識了一名愛逞凶鬥狠的荷蘭人迪爾克・格里茨・龐普（Dirck Gerritz Pomp），此人綽號中國通迪爾克（Dirck China），後來他成了為林斯霍滕提供消息的重要人物。龐普搭乘葡萄牙商船聖克魯斯號（Santa Cruz）前往中國，再從中國前進日本，於1585年成為首位抵達日本的荷蘭人。

回到果阿邦後，龐普向友人林斯霍滕詳細報告了他的凶險經歷、陌生國度的見聞，以及一座稱為高麗的島嶼。儘管他本人未前往高麗島，卻曾聽聞耶穌會的會士描述過當地的情景。

林斯霍滕在印度待了近六年後，準備返回荷蘭，結果險些喪命。他的船繞過好望角向北航行，在亞述群島前遭遇暴風，差點沉沒。之後兩年，林斯霍滕的船困在泰塞拉島（Tercera），他一面整理他的資料，一面協助修復船隻，最後經由里斯本返回故鄉。

1595年，林斯霍滕的旅遊經歷問世。他記載了殖民強權前往東亞的航海路線，同時也寫到日本：「如此，海岸再次向北延伸，接著深入內陸，與日本和另一個稱為高麗（Cooray）的國家進行貿易的商人，便是從這裡朝西北方向航行的。關於高麗，我擁有可靠、明白易解又正確的消息。此外，我也從曾經實地訪查當地情況並曾航行至當

地的舵工那裡，獲知前往高麗的航道。」

　　林斯霍滕在他 1596 年的第二本書《東印度水路誌》（*Itinerario*）中曾經提到高麗島：「在日本稍微上方處，34 度與 35 度上，距離中國海岸不遠處另有一座大島，名為『Core』（高麗）島。直至今日，有關其大小、人口、貿易等都還沒有任何明確的資料。」接著他寫道：「在『Enseada de Nanquin』（黃海）東南方 20 哩處盤踞著一些島嶼，東邊則有一座極大且山巒起伏的島。」那裡「住著許多徒步行走或騎馬的人」。

　　然而，林斯霍滕的報導並不詳實，想來他自己可能也不清楚，朝鮮是否為群島：「葡萄牙人稱這些島嶼為『Ylhas de Core』（高麗群島），這些島嶼在西北邊有一處狹窄的海灣，海灣不太，但可作為港口；其中有座小島和統治者的宮殿。主島東南方 25 哩處連接著黃海的島嶼則是日本的五島列島（Goto）。」

　　伴隨《東印度水路誌》的出版，林斯霍滕還出版了一幅地圖，這時荷蘭人才有機會一窺地球另一端的面貌，包括柬埔寨、印度與某些中國省份的概況。地圖上，海岸附近畫出村鎮，在遼闊的森林地區有異國動物奔跑，海上則有作戰的船隻，還有怪獸埋伏著守候獵物。左上角，日本列島係由眾多與赤道平行的島嶼組成，而非如原先所以為的北南走向。

　　高麗島位於日本以西，是一座長長的島嶼，與亞洲大陸僅隔一道狹窄的海峽。然而林斯霍滕是以點狀平面表示他對消息來源並不全然盡信。從遠處看來，朝鮮半島確實可視為一座島嶼：鴨綠江與圖們江出海口皆相當寬闊，這使這處半島與大陸之間彷彿隔著一條水路。但不久之後，航海家便發現事實並非如此。

　　朝鮮海岸前有戰艦巡邏，數十年來沒有歐洲人踏上過這片土地。直至 1622 年，荷蘭船艦狄洪德號（de Hond）在慘遭大砲、箭與木矛攻擊之下，不得不退回外海。結果史上第一位詳細描述朝鮮的歐洲人，卻偏偏是一個荷蘭人：1653 年，航海家亨德里克・哈梅爾（Hendrik Hamel）的船在朝鮮海岸前沉沒，成為階下囚的哈梅爾先被遣往漢城，之後被遣送到鄉下。哈梅爾在朝鮮半島生活13年後才成功逃離朝鮮。他所撰寫的回憶錄在後來的兩百多年間，一直是介紹封閉的朝鮮王朝唯一的資料來源。

瑪麗亞 ‧ 特里薩礁 ‧ 南太平洋

[Maria-Theresia-Riff, Taber, Tabor]

位置　南緯36度50分、西經136度39分
或南緯37度0分、西經151度13分
大小　不詳

發現　1843年11月16日

地圖　不詳

Fidschi
斐濟群島

Gesellschaftsinsel
社會群島

Cookinseln
查塔姆群島

Tonga
東加群島

Kermadecinseln
克馬德克群島

NEUSEELAND
紐西蘭

Wachusett-Riff
沃楚西特礁

Chathaminseln
查塔姆群島

MARIA-THERESIA
RIFF
瑪麗亞‧特里薩礁

1864 年7月26日，豪華遊艇鄧肯號（Duncan）結束前往格拉斯哥（Glasgow）的旅程。在回航途中，一座島嶼出現在視野，一名執勤的船員突然在遊艇尾流見到一隻雙髻鯊。鄧肯號的船東愛德華·格里納凡爵士（Lord Edward Glenarvan）即刻命人將一條繫著鉤子，鉤上掛著一塊厚肥肉的繩索拋入海中。幾分鐘後，鯊魚上鉤，牠被拖上甲板、殺死並取出內臟。船員們在牠的胃裡發現一只神祕瓶子，瓶中的信以三種語言寫成，可惜信件內容只能零碎判讀：「1862年6月7日……三桅船不列顛尼亞號（Britannia）……格拉斯……翻覆……陸地……兩名船員……船長格……走……凶殘……印地……文件扔棄……經度與緯度37度11分……他們帶來幫手……失去。」這一定是失蹤的羅伯特·格蘭特（Robert Grant）船長依然活著的證據！

格里納凡爵士立即備妥一艘船，帶著格蘭特船長的孩子揚帆前往南美洲。依據瓶中信的內容，從那裡航向南緯37度處，接著西向橫渡太平洋。幾星期後，他們見到一座島嶼，也就是瑪麗亞·特里薩礁。根據他們的描述，這原來是一座火山島，島上最高處高出海平面約一百公尺。不久，他們便在那裡見到了失蹤的格蘭特船長。

這則故事出自儒勒·凡爾納（Jules Verne）之手，凡爾納本人曾經搭乘帆船渡過英吉利海峽，前往北海、地中海。他在1867年的《格蘭特船長的女兒》（*Les Enfants du capitaine Grant*）一書中講述，這座島「久為人知」。在之後的一段對話中則寫道：「可是塔伯爾島（Tabor），就是瑪麗亞·特里薩島呀！」「毫無疑問！帕葛乃爾（Paganel）先生，」哈利·格蘭特（Harry Grant）回答說：「在德國與英國地圖上它叫作瑪麗亞·特里薩，在法國地圖上卻叫作塔伯爾。」

1980年代初，有位名叫伯恩哈德·克勞特（Bernhard Krauth）的德國學生大感不解。他是凡爾納的粉絲，也想更深入了解這座島嶼，譬如它的位置、何人發現等等，他在學校的地圖集裡找不到瑪麗亞·特里薩島，倒是在一顆比小朋友玩的球大不了多少的馬口鐵地球儀上

看到了。這顆地球儀上標誌的名稱是瑪麗亞·特里薩礁，位置在南緯37度的南太平洋上，離土阿莫土群島（Tuamotu-Archipel）不遠，後者屬於法屬玻里尼西亞（Polynesien）。於是克勞特展開研究，並且很快地在品質較佳的地圖上找到這座島嶼：先是麥爾氏地理出版社（Mairs Geographischer Verlag）發行的世界地圖，接著是《克瑙爾氏大世界地圖集》（Knaurs Großer Weltatlas）。《克瑙爾氏大世界地圖集》原版權屬於知名的《泰晤士世界地圖集》（Times Atlas of the World），只不過在這本地圖集，其位置更偏向東。克勞特推測，凡爾納依據的是巴黎子午線，而非格林威治子午線。

1983年，克勞特寫了一封信給位於波昂（Bonn）的德國外交部，他曾讀過該處收藏了三千多種地圖集。雖然外交部無法回答他的問題，卻寄給他一本俄國地圖集的影本，比例尺為1: 20,000,000，在這本地圖集上，瑪麗亞·特里薩不過是一個小點。

接著，他從位於漢堡的德國水文研究院（Deutsches Hydrographisches Institut）那裡獲知，最新的英國海圖並未收錄這座礁。該研究院也製作德國海圖，但這一次他們的說法有誤，因為不久後克勞特便在英國的地圖上找到這座島，只是位置較之前更為偏東。

最後他收到英國水文部的回函，告知這座礁的位置在1983年曾經修改為南緯36度50分、西經136度39分，但依然無法確定這座礁是否存在。隨函還附上一份說明位置修訂的文件。

瑪麗亞·特里薩礁的資料可追溯至1843年，阿薩夫·P·塔伯（Asaph P. Taber）撰寫的航海日誌。塔伯是美國捕鯨船瑪麗亞·特里薩號（Maria Theresa）的船長，他以潦草難以辨識的字跡寫下的可能是「見到浪花拍岸」，也可能是「見到鯨魚冒出水面」的句子。這項記載寫於1843年11月16日，位置在南緯37度與西經137度。在這次虛實難辨的發現後過了數月，《新貝德福德信使報》（New Bedford Mercury）刊登了有關某座島嶼的報導，但報導中的船長並非姓塔伯，而是塔伯爾；雖然島嶼位置依舊是南緯37度，但卻西偏了數百哩。

後來其他報紙也一五一十依樣刊登這篇報導，很快地在一些海圖上便出現了一座礁，這座礁有時叫瑪麗亞‧特里薩，有時又叫塔伯──例如2006年克勞特取得的一張法國地圖，標誌的名稱便是後者。凡爾納可能見過這張地圖，不過《格蘭特船長的女兒》則寫於四年後。

　　直到今天，瑪麗亞‧特里薩礁是否存在依然成謎，連衛星圖也幫不上忙。或許這座礁已經沒入海面，或者隱身於海平面下不遠處。但只要一天無法證明它不存在，它就會繼續出現在海圖上。克勞特渴望能一窺這座島的真面目，他度過近15年的海上生涯，其間也曾擔任過船長，並曾橫渡北太平洋，卻無緣接近南太平洋上他念茲在茲的地點。

新南格陵蘭島・南極海

[New South Greenland]

位置　南緯62度41分、西經47度21分（北角）

大小　長480公里

發現　1821、1823、1843年

地圖　不詳

Elephant Island
象島

Clarence Island
克拉倫斯島

Südliche Orkneyinseln
南奧克尼群島

Südliche
Shetlandinseln
南設得蘭群島

Bransfieldstraße
布蘭斯菲爾德海峽

NEW SOUTH GREENLAND
新南格陵蘭島

James-Ross-Insel
詹姆斯羅斯島

GRAHAMLAND
葛拉漢地

Robertsoninsel
羅伯特森島

60°　　　　　　　　　　　　　　　　　　50°

1912 年中，德國號（Deutschland）凍結在南極海上巨大的浮冰之中。這艘貨船無法行駛，只能隨著浮冰朝西北方向漂流。在這艘船上，探險隊隊長威廉‧菲爾希納（Wilhelm Filchner）每天都在他的地圖上仔細查看航行路線，他發現德國號一直往頗具爭議的新南格陵蘭島方向移動。

6月23日，德國號距離新南格陵蘭島不到60公里，這時菲爾希納決定出發尋覓這座島嶼。他的時間不多，此時冰層還能行走，但不知能維持多久。更何況這塊巨大的浮冰隨時都可能悄悄轉動，讓他們再也找不到自己的船。他商請阿弗雷德‧克林格（Alfred Kling）與一位姓柯尼希（König）的研究員一同前往，兩人也都欣然同意。克林格是航海學專家，柯尼希則熟知各種冰雪。

啟程前，菲爾希納先向船長下達可能需要的救援行動指令：從第四天起，每日傍晚在主桅上懸掛一盞錨燈；自第七日起，每日下午六點發射一枚花炮。兩週後，則須派出救難隊，並且在浮冰最高處升起黑色旗幟。

星期天大約十一點左右，菲爾希納、克林格與柯尼希乘坐狗拉雪橇向西奔馳。當時氣溫是零下35度，三人攜帶三週的糧食上路。

將近一百年前，班傑明‧莫雷爾首次提到新南格陵蘭島，這位船長也發現大西洋上拜爾斯島與莫雷爾島的人。「下午三點半左右，我們接近陸地。」莫雷爾在1823年3月15日如此寫道。隔天，他的船以之字形逆風航行到「大約距陸地兩哩處」。他見到白雪皚皚的山嶺，那是一片「荒涼的土地」，但有著「種類繁多、數量龐大的海鳥」，以及「3,000隻象鼻海豹與150隻港灣海豹」。第四天，莫雷爾經過北端，測定其位置為南緯62度41分、西經47度21分。

菲爾希納、克林格與柯尼希三人在第一天非常辛苦。此時南半球正值冬季，在如此接近南極的地方，太陽位置只略高於地平線，所幸陽光依然足以供三人在夜晚判斷方位。不過才前進了幾百公尺，為了避開一處水潭，他們便改道西北方向前進，其間他們的雪橇不時陷

於浮冰中。

　　每部雪橇分別由八隻狗拉行，但狗兒經常被揹帶纏住，必須將挽具解開。「這是搭乘雪橇時最討厭的工作。」克林格在他的探險報導中如此說。在酷寒的氣候下，這種工作不僅得光裸著手指執行，還必須極為謹慎，以免狗兒脫逃。

　　下午兩點天色變暗，三人火速卸下雪橇，搭起帳篷，並將狗兒拴在雪橇上。每隻狗僅有兩磅魚乾可吃，無法提供牠們更多。三人在帳篷內用小鍋煮雪，將鬍子上的冰條抹去。即使在帳篷內依然相當冷，光裸的手指一碰觸金屬便凍黏住。他們吃了些脆餅，每人再外加些許凍得硬梆梆的香腸。靠著鐵筆──一種鐵刺狀工具──他們才能將香腸弄成小塊。三人拚命說說聊聊，以免自己想到在船上每逢星期天總少不了烤肉與葡萄酒。「今天我們只前進了六公里，我們認為，如果未來浮冰依然那麼難以通行，我們就無法達成任務。」克林格寫道。

　　夜裡，他們的鬍子上又冒出了冰條。隔天清晨約九點，三人起床時感到精疲力盡、四肢酸痛。他們煮了茶、吃了餅乾，把帳篷捆在一架雪橇上。大約十一點，他們繼續大浮冰上的旅程。「萬一我們當中有人跌入水裡，在如此酷寒的天候下，那人在換掉衣服之前就會凍死了，」克林格如此表示。有一次，一隻長鬚鯨衝出冰層，濺起水柱，隨即又潛入水中。「我們一直瞪著那個地點，連一個字都說不出來。那一瞬間我們都在想，萬一我們正好站在鯨魚衝破冰層的位置，結果會如何？」在幽微的光線下，那情景宛如幻象一般。

　　下午，三人才前進了四公里。他們垂頭喪氣地坐在帳篷內的小鍋旁。這片冰雪比他們預期的還要難以通行，誰都沒有說話，隨後三人便鑽進睡袋，祈禱底下的冰層別在睡夢中裂開來。再過幾個小時就是克林格的生日，他躺在睡袋裡，回憶過往的歲月，「這時我突然脫口說出：我已即將30歲／經歷數場暴風雪！／將來如何未知曉／冰天雪地大搏鬥／究竟是死抑是活？」

新南格陵蘭島

第三天，6月25日，克林格在黑暗中醒來，發現已經上午九點了。他把夥伴叫醒，大家祝他生日快樂。即使身處冰天雪地中，他也要好好慶祝自己的生日：「我帶上我最好的兩根雪茄，準備在當天享受。」十點半左右他們才動身，朝著西南方，在浮冰上挺進一個小時，最後來到平滑的冰原上。克林格想測量當地的座標，但羅盤卻凍住了。他把羅盤塞進貼身處，想讓羅盤內的甘油解凍。如此過了90分鐘，羅盤指針依然文風不動，而測距儀也無法使用，只能仰賴月亮來判斷方向了。「這件事很令人擔心。」他們該如何判定自己的位置？萬一他們所在的大浮冰位置不斷改變，他們又該如何返回船上呢？

不過這一天，他們倒是前進了18公里，大夥兒輕鬆地圍著燃燒器坐著聊天，羅盤也修好了。

夜裡，狗兒狂吠，但他們並未起身。隔天清晨七點，月亮從雲層後方露出臉來，結果狗兒拖著雪橇跑掉了！遠處傳來響亮的犬吠聲，克林格抓起一支鞭子追上前去，最後在一處窄長的水坑旁見到狗群正和一隻海豹搏鬥。他朝狗群揮舞鞭子，卻只能讓牠們暫時離開獵物，直到他用破冰斧將受傷的海豹砍死，狗群才安靜下來。

隔天上午，克林格在第一架雪橇後方吹著信號哨指揮：吹一聲表示「繼續向右」，兩聲表示「繼續向左」，三聲表示「停」。這一帶冰層的狀況較佳，到了下午三點，一行人已經前進了25公里，距離他們的船共53公里。為了確定他們的位置，克林格架設了一具經緯儀、一個量角器。他在零下30度的酷寒下光裸著手指，小心翼翼地轉動螺釘。起初他想尋找天狼星，偏偏指尖凍黏在金屬望遠鏡上，只好改由菲爾希納接手。每次他們都只有短短數秒的時間操作經緯儀，隨後便得戴上手套來活動手臂，確保體內血液再次循環。

終於好不容易找到一個光線微弱的小光點——天狼星，為了讀取測量點，他們也帶了一支電池手電筒，但在如此酷寒下，手電筒無法使用，三人只好借助燈籠內的一根蠟燭光。如此努力了兩小時，才得到所有的測量點；若換成平日，同樣的任務只消十分鐘便可完成。

當三人在帳篷內喝茶時，克林格算出他們目前的位置在南緯70度32分、西經43度45分。這個結果相當奇怪，不知哪裡不太對勁。克林格向同伴保證，他們一定能找到他們的船。三人說好，再前進一天就回頭。氣溫極低，帳篷內側都結了一層薄霜，連鼻孔裡也結凍了。「我很驚訝，我們的鼻子能完好無損地回到船上，」後來克林格寫道：「為了避免這種傷害，我只能湊合著用一條手帕掩臉，而隔天清晨，那條手帕總是凍成硬梆梆的冰。」

翌日清晨，他們行經一處寬闊的冰穴。如此前進了數公里，依然看不到盡頭，於是菲爾希納決定就地測量海深。此刻，他們的位置與莫雷爾從船上發現陸地的位置相去不遠，他們將一架雪橇推到冰穴邊緣，在冰穴上安裝了測量深度的絞盤，把一根鐵棒插進鐵線圈，將鐵棒固定在雪橇的前端，接著讓一隻雪鞋一頭放在線圈上、一頭在雪橇上，充當煞車器；至於測深錘則是一塊75磅重的圓鐵塊。

克林格坐在前端鐵線拉出來的位置，將手上拿著的鉗子靠著鐵線，以便在鐵塊碰觸海底時能察覺到。鐵塊下墜數百公尺後，線圈層開始紊亂，線圈也出現拗折，鐵線圈顯然捲得不夠緊。到了1,200公尺時，鐵線便斷裂了。「總之，經過這次的量測，我們的任務也就完成了，因為那片眾所期待的陸地不見蹤跡，而根據我們量測的海洋深度，附近也不可能存在陸地。」克林格如此寫道。現在他們距離德國號共57公里，但離新南格陵蘭島應該不到八公里。實際上，由於浮冰漂流的緣故，他們甚至已經離出發點102公里；班傑明·莫雷爾一定搞錯了。

三年後，英國人歐內斯特·沙克爾頓（Ernest Shackleton）搭乘的堅忍號（Endurance），同樣在新南格陵蘭島附近陷在冰層上，這時他證實了菲爾希納三人的觀察。「我決定將新南格陵蘭島列入應該屬於冰山、眾多南極島嶼與大陸海岸的長串名單中。」1915年8月17日，沙克爾頓如此寫道。不久後，他甚至見到了蜃景：「遠處浮冰堆疊高高聳立，有如屏障般的峭壁，其影像倒映在碧藍的海面與水

道上。」眼前頓時出現令人歎為觀止的景象：「在這些冰峭壁頂端，顯現一座又一座白色與金色的壯麗東方城市。」

當這三位德國人再次出發時，天色已經變暗。在朦朧的光線下，他們不時失去來時的蹤跡。好不容易才抵達前一晚的營地，克林格擔心會找不到德國號。

6月28日霧氣濃重。再過兩天便是滿月，情況會變得更危險，因為潮汐易使冰層破裂且任意移動。他們沿著來時路線往德國號所在的方向奔馳，其間飢腸轆轆的狗群為了獵捕三隻肥胖的海豹不肯乖乖受控，三人多花了一個小時，結果再也找不到走過的路線。他們往東北東方向前進，克林格希望這樣能抵達浮冰。萬一從那裡還看不到船，他再試試東北方向，如此一來遲早能見到那兩座距德國號約15公里遠的醒目冰山了。霧裡，三人在冰天雪地中急馳。走了三公里，他們發現原先的蹤跡了。

當天色變黑時，霧也散去。此時月光微弱，他們決定繼續前進：「我們悄無聲息地滑行著，彷彿朝著英靈神殿（Walhall）駛去。」克林格回憶道：「周遭有如墳場般寂靜，只有雪橇單調的軋軋聲與柯尼希吆喝狗群的聲音，劃破鬼魅般的靜謐。」突然間，一頭鯨從某個冰穴鑽出，朝空中噴出一道蒸汽噴泉。此時光線微弱，幾乎無法看清楚羅盤。克林格透過月亮辨識方位，後來藉由其他行星。「曾經有位占星學家表示，木星是我的幸運之星，因此我不由自主地滿懷敬意仰望著它，祈求它別在我們茫然無知的這段時間離棄我們。」

後來他們來到一處水潭前，這水潭寬兩公里，但潭上覆蓋的冰層厚度僅一個拳頭，這是此次旅程中最危險的障礙。克林格穿著雪鞋尋找可以通行的路線，接著他揮手示意，大夥兒便緩緩前進，連狗兒都會先伸出腳掌試探後才踏出步伐。來到水潭中央時，冰層上突然出現細微的裂縫。每踏出一步，冰層便彎曲變形，水也往上湧，流到玻璃般的深色冰層上。

直到大夥重新感覺到腳底下的堅實地面，一行人才鬆了口氣。

但不久後他們又面臨海冰，再次寸步難行。八點半，狗兒不願繼續前進，探險隊於是搭營休息。這一天，他們走了34公里遠！

6月29日清晨，天氣晴朗。克林格爬上一座冰丘，看到地平線上伸出一根船桅。起初他什麼也沒說，畢竟幾天前他們三人曾被蜃景所騙。後來他們用野戰望遠鏡看到了德國號，距離約16公里。也許今天還來得及返回船上。

不久，三人又遇到了一個巨大的冰穴，卻找不到可以通行的路徑。就在此時，他們聽到了呼喚聲，船上的夥伴在冰穴對面揮手，卻幫不上忙。菲爾希納三人必須最後一次露宿冰上。為了慶祝即將歸隊，他們煮了濃縮豌豆湯外加半罐鹽醃牛肉。「我不記得，之前有任何食物能讓我吃得如此津津有味。」克林格表示。

夜裡，他們聽見冰層發出劈啪聲，猜想大概是冰穴移動了。但隔天他們發現，冰穴中央還有一片開放性的水域，最後船上的夥伴終於現身，將探險隊、狗兒與雪橇連同一艘船，一一帶往另一頭。

高高的船桅上懸掛著一盞燈。克林格三人聽說，德國號被來回推動著，先是朝西南方，接著轉向西北方，後來又轉回東方。回到船艙，克林格三人感到一切既奇特又陌生，彷彿他們已經在荒野中度過了好幾年。他們身上穿的毛皮大衣簡直硬得像鐵甲，指尖也發疼。克林格在生日過後五天再次慶生，這一次有酒、音樂與歌聲，大夥兒都唱著歌。唯獨菲爾希納，因為心絞痛必須躺在他的船艙裡。

SÜDAMERIKA
南美洲

Patagonien
巴塔哥尼亞

Magellanstraß
麥哲倫海峽

Feuerland
火地群島

Kap Hoorn
合恩角

PEPYS ISLAND
皮普斯島

Falklandinseln
福克蘭群島

Staateninsel
貝坦頓群島

皮普斯島・南大西洋

[Pepys Island]

位置　南緯47度
大小　不詳
發現　1683年
地圖　不詳

1683 年底，英國人威廉·安布羅斯·考利（William Ambrose Cowley）迷航於南大西洋。在法國人、荷蘭人與西班牙人眼中，他是個不折不扣的海盜，但考利可不只是海盜，他還擁有自己的船隻、手下，在倫敦他更擁有不少政客朋友。對英國而言，這種在西印度出沒的海盜是廉價士兵，可協助英國襲擊其他競爭國的船隻。英王早已將海盜船合法化，讓他們分享戰利品。這些西印度海盜的大本營在牙買加的皇家港（Port Royal），他們往往從那裡掠劫加勒比海的沿岸城市。

考利的「開心王老五號」（Bachelor-Delight）配備了 40 尊大砲。當這艘帆船沿著南緯 47 度往西南方航行時，考利發現了一座不知名的無人島，於是以他的好友——海軍部首席秘書塞繆爾·皮普斯（Samuel Pepys）之名為這座島嶼命名。「這是供應淡水與火絨的好地方。其港口絕佳，有安全的錨地可供上千艘船隻停泊。我們在島上見到數量驚人的鳥類，此處土地是由沙與碎石構成，所以我們相信，這裡的海岸擁有豐富的魚類。」考利在航海日誌中寫道。以皮普斯島為基地，海盜不僅能掌控南美洲的海路，也能襲擊海岸城市。藏身在這座偏僻的島嶼，外人不容易發現他們的蹤跡。

1684 年 1 月，考利在航海日誌中補充道：「這個月我們抵達了南緯 47 度 40 分，在東北東風吹拂下，我們發現了一座島嶼。我們駛向它所在的方向，可惜時間已經很晚，無法靠近海岸，於是當天夜裡我們便在海角前方過夜。此島景色怡人：有森林，甚至可以說是樹木繁茂。島的東方是一處山崖，上頭棲息著大量大小和鴨子相當的鳥類。當我們的船航行過去時，我們的水手獵殺了充當食物所需的數量。這種鳥相當美味，可惜帶有魚腥味，實屬美中不足。」當天下午他又看見了另一座島，他認為此島屬於塞爾瓦德斯群島（Islas Sebaldes）。當時，福克蘭西部的島嶼統稱為塞爾瓦德斯；考利也為這些島嶼和海峽畫了一幅簡圖。

據說在 1764 年，派屈克·莫阿特（Patrick Mouat）與約翰·拜倫

（John Byron）奉英國政府的密令測繪該區，並尋找皮普斯島。他們從里約熱內盧啟航，沿著緯度47度向東航行；奧羅拉群島應該也在附近。此外，有一位植物學家表示，他曾經從瞭望台上見到類似島嶼的地方，但接近時卻發現，那個像島嶼的物體並未變大。

莫阿特與拜倫找不到皮普斯島，於是轉向位於皮普斯島以南三度遠的福克蘭群島。在那裡，他們發現考利的簡圖，圖上描繪的海峽與福克蘭群島分毫不差。由此看來，考利這名海盜發現了這處英國人至今仍不惜以武力捍衛的群島。

Isle Royal
厄亞羅島

PHÉLIPEAUX
菲利普島

Apostle Islands
使徒群島

菲利普島與篷查特蘭島 · 蘇必略湖

[Phélipeaux und Pontchartrain, Philippaux and Pontchartrain]

位置　不詳

大小　不詳

發現　不詳

地圖　雅克—尼古拉·貝林（Jacques-Nicolas Bellin，1744年）、
約翰·米切爾（John Mitchell，1755年）

49°

Maurepas-Insel
莫勒帕島

PONTCHARTRAIN
篷查特蘭島

48°

Hoguart-Insel
霍瓜爾特島

St.-Anne-Insel
聖安娜島

47°

1782 年夏，美國的談判代表抵達法國。這群以班傑明・富蘭克林（Benjamin Franklin）為首的團隊，此行的目標是終結對抗母國英國的獨立戰爭，並劃定北美邊界。這是一場艱難的談判。世上再沒有比北美大湖區更與世隔絕的區域了，偶爾才有從蒙特婁（Montreal）或哈德遜灣（Hudson Bay）來的皮貨商在此地狩獵，僅有少數白人曾經探查過那一帶的森林、湖泊與河流。談判代表不時朝米切爾地圖彎下身。這張地圖寬兩公尺，高 1.4 公尺，許多細節都描繪得極為清晰。米切爾原本是名醫生，他在 1755 年測繪了北美洲東部。

在巴黎，雙方為了捕魚權、補償性付款及歸還遭沒收的土地所有權等事宜而爭執，共耗費數月的時間，雙方對於美國與加拿大英屬殖民地邊界的細節才有了共識。從此，這條界線在蘇必略湖經過三座島嶼：羅亞爾島與據推測蘊含豐富原物料的菲利普島未來屬於美國，篷查特蘭島則歸英屬加拿大。在巴黎條約（Treaty of Paris）第二條中論及西北邊界，內容如下：「通過蘇必略湖，沿羅亞爾島與菲利普島以北至前述的長湖（Long Lake）；從此地經過長湖中央，在長湖與伍茲湖（Lake of the Woods）之間就是前述的伍茲湖；從那裡穿過這個湖到西北角。」1783 年 9 月 3 日，雙方訂立此約，英王喬治三世（George III）的代表小大衛・哈特萊（David Hartley the Younger）在巴黎條約中簽下姓名，美國則由富蘭克林、約翰・亞當斯（John Adams）與約翰・傑伊（John Jay）共同簽署。至此，美國獨立戰爭宣告結束，美利堅合眾國終於成了主權獨立的國家。

十九世紀初，美國某委員會曾前往勘查這條邊界最後未知的區段、森林與山谷，最後，波特將軍（General Porter）客觀地總結如下：「無比荒涼、杳無人煙，生活極不便利，即使是執行我們這種勤務的人也僅能勉強勝任。此外，當地氣候酷寒惡劣，一年之中僅有短暫時間能在戶外活動。」至於菲利普島，他則隻字未提。

1824 年 2 月，紐約州奧爾巴尼市（Albany）一個委員會決定了最終邊界，其中提到 13 條流入蘇必略湖北岸的河流，但尚需更深入探

勘。此時已經清楚，巴黎條約中提及的若干參考點其實是錯誤的，或至少有爭議。菲利普島並不存在，這一點已無庸置疑；後來加拿大想尋找篷查特蘭島，同樣也無功而返。

最後大家才發現，製圖師約翰・米切爾曾經參考更早之前的法國地圖。這些島嶼最初出現在巴黎地理學者雅克—尼古拉・貝林1744年的地圖上。其中羅亞爾島確實存在，但菲利普島與篷查特蘭島卻屬子虛烏有，其目的是為了向他的贊助者路易・菲利普・德・篷查特蘭二世（Louis II Phélypeaux de Pontchartrain）致敬。

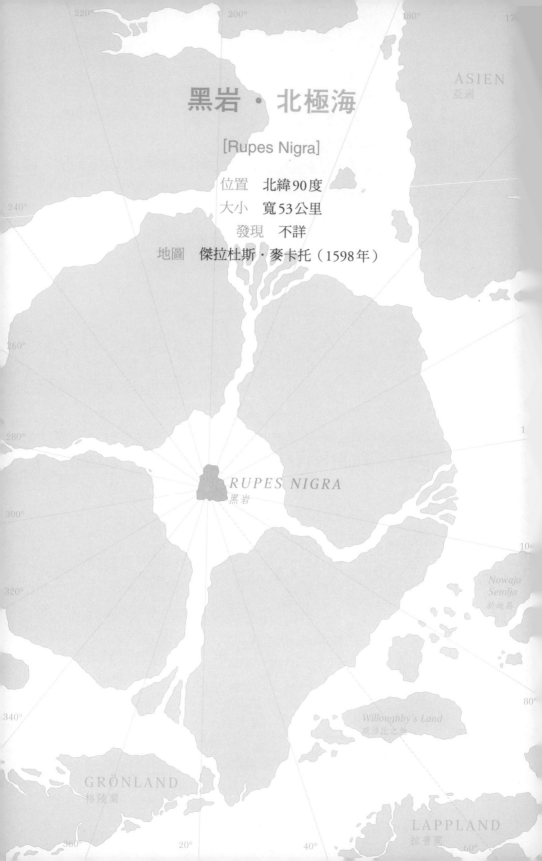

黑岩 · 北極海

[Rupes Nigra]

位置　北緯90度
大小　寬53公里
發現　不詳
地圖　傑拉杜斯 · 麥卡托（1598年）

RUPES NIGRA
黑岩

ASIEN
亞洲

Nowaja
Semlja
新地島

Willoughby's Land
威洛比之地

GRÖNLAND
格陵蘭

LAPPLAND
拉普蘭

十四世紀中，英國亞瑟王的軍隊征服了挪威以北一處群島。當地一連數月都不見太陽，既寒冷又陰暗。山峰高聳插入天際，島嶼之間的水流向北極，水勢湍急，船隻無法揚帆行駛，縱使有強風相助也莫可奈何。曾經有近四千人冒險進入此湍流區，但都一去不返。唯一的例外是，有八名人士僥倖逃過凶險的湍流，抵達挪威國王的港口。這八人之中的一人是來自牛津的神父，他將這次的經歷寫入他的《幸運的發現》（*Inventio Fortunata*），但當時並無任何亞瑟王。

沒有任何製圖師比杜伊斯堡（Duisburg）的傑拉杜斯·麥卡托更博學、更小心求證了。為了製作極地地圖，他於十六世紀中讀了《幸運的發現》與雅各布斯·克諾延·馮·赫佐根布胥（Jacobus Cnoyen von Herzogenbusch）的遊記《不列顛亞瑟傳》（*Res gestae Arturi britanni*），可惜不久之後，這兩部作品便失佚了。麥卡托表示，根據他的研究，北極海上有四座大島環繞著北極，四座島嶼中央有渦流旋轉翻騰，最後流入地球內部。而在北極海中央，北極的正上方有一塊光禿禿的岩石，麥卡托稱此岩石為黑岩。「周長近33法國哩，由磁石組成。」（譯註：指當時法國使用的「哩」）麥卡托在一封信中寫道，此島高聳入雲，烏黑發亮，「而且上方草木不生，因為島上僅有少許泥土。」

自從十二世紀羅盤發明以來，某些地理學者便設想，世界上一定存在這種磁山，在磁山附近，船艙板上的鐵釘甚至會脫飛而去。雖然馬丁·貝海姆在他1492年的地球儀上尚未畫出磁山，但首度在北極以西畫出兩座島嶼；而在東方，北歐與亞洲則圍成半圓形。稍後於1508年，約翰尼斯·魯伊希（Johannes Ruysch）則在世界地圖上畫出四座島嶼，並說明一處巨大漩渦內的水被吸入地球內部。

北歐的神話傳說已經提到世界之泉「赫瓦格密爾」（Hvergelmir）。據說此泉之水由地底渠道進出，在海岸附近成為潮汐，「而離我之前提到過的海岸不遠，在西方海洋無邊無際延伸之處，便是我們一般稱為大洋之臍的極深水穴。」八世紀時，保羅·瓦爾涅弗里迪（Paulus Warnefridi）如此寫道。據說那處漩渦吸力強大，能將船隻吸附過去，

猶如箭矢般從空中飛過。直到最後一刻，才被一股突然出現的滾滾洪流甩回原地。

　　麥卡托悉心收集這些知識。十六世紀時，黑岩已從地圖上銷聲匿跡，但有關地球有股巨大漩渦的說法卻繼續流傳著；到了十九世紀，甚至還有研究人員與船員因此認為，世上存在一片沒有冰雪的北極海。

冷知識

諷刺文學大師喬納森・斯威夫特（Jonathan Swift）從磁山傳說汲取靈感：「當我見到一座有人居住的島嶼居然能升降、也能水平移動時，我驚訝的程度，讀者諸君想必難以想像。」斯威夫特發表於1726年的《格列佛遊記》（Gulliver's Travels）中的主人翁萊繆爾・格列佛（Lemuel Gulliver）如此表示。這座名為拉普塔（Laputa）的島嶼為圓形，中央有一塊巨大的磁鐵，其磁力能使島嶼移動。但拉普塔並非樂園，格列佛表示，拉普塔人終日惶惶不安，精神片刻都不得安寧。他們總是說個不停，彼此卻無法心意相通。

珊迪島 ‧ 東珊瑚海 ‧ 太平洋

[Sandy Island, Île de Sable, Sable Island]

位置　南緯19度13分6.4秒、東經159度55分23.4秒

大小　120平方公里

發現　1876年

地圖　國家地理學會（National Geographic Society）、
谷歌地球（Google Earth）

SANDY ISLAND
珊迪島

Cook Reefs
庫克礁群

French Reefs
法蘭礁群

20°

Minerva Sh.
密涅瓦沙洲

Bellona Sh.
貝薩納沙洲

Fairway R.
費爾威岩礁

South Bellona R.
南貝羅納礁

NEUKALEDONIEN
新喀里多尼亞島

160°

一艘船撞上岩礁或淺灘，會是怎樣的惡夢啊！這將是東珊瑚海中央的一場災難。此刻，南方考察者號（Southern Surveyor）在澳洲船籍港布里斯班（Brisbane）東北1,100公里外，離最近的島嶼新喀里多尼亞島數百公里處。然而，數小時以來，從南方考察者號（Southern Surveyor）放眼望去，直到地平線上，只見一片茫茫大海。而測量儀器也顯示，此地沒有任何危險：海深1,300公尺，沒有任何淺灘跡象，更遑論島嶼了。

儘管如此，弗雷德‧斯坦因（Fred Stein）船長卻感到前所未有的緊張，他向來信賴的天氣圖在這一帶標示出一座島嶼，而國家地理學會的地圖，乃至谷歌地球上也都可見這座島。在南緯19度14分、東經159度56分的海上列出長條形的黑色障礙物：長24公里、寬5公里，名為珊迪的島嶼。假使這座島確實存在（這一點斯坦因船長深信不疑），那麼珊迪島幾乎是曼哈頓的兩倍大。這種大小的島嶼不容漠視。

斯坦因減速，研究船南方考察者號在海上一公尺一公尺地緩緩推進。20幾名科學家在船頭上仔細觀察水面。他們被派到甲板上，密切注意是否見到海底或噴濺的浪花，因為這表示海平面以下不遠處有危險的礁石。

2012年11月中，雪梨大學（University of Sydney）一群科學家探查東珊瑚海已近三週，這支探險隊由33歲的海洋地質學家瑪麗亞‧西頓（Maria Seton）領軍，其任務在於了解第五大洲的地質史。太古宙時期，澳洲、印度古陸、非洲、南美洲、馬達加斯加、阿拉伯半島與南極洲構成巨大的超陸地岡瓦那大陸（Gondwana）。後來這塊超大陸逐漸分裂，最後在4,500萬年前，澳洲與南極洲分離。為了考察澳洲板塊的東側外緣，這支隊伍測繪了14,000平方公尺的海底，並收集了將近兩百件的岩石標本。

西頓每天都在導航圖上密切注意南方考察者號的航線，不時微調行船路徑。11月13日下午，西頓在海圖上看到一座名為珊迪的島

嶼。有些地圖標示了這座島嶼，但其他地圖則未見此島。船長的天氣圖、《泰晤士世界地圖集》都可見珊迪島；後者是一份權威地圖集，大約有五十位製圖員隨時追蹤最新狀況，但其他導航圖卻顯示，這一帶海深在 1,300 與 1,400 公尺之間。何者才正確？如果珊迪島位於自海底陡直升起的峰頂，那將會是一樁地質學奇蹟。

11 月 15 日，南方考察者號來到珊迪島的座標附近。此刻，所有的研究人員都必須從船頭觀察海面，因為珊迪島可能只位於海面下數公尺處，稍不留意便可能撞上極堅硬的石灰礁。而東珊瑚海一帶，例如法屬水域上無人居住的切斯特菲爾德群島（Chesterfield Islands）附近，確實存在一些石灰礁。該群島包括十幾座島嶼與散布在 70 乘 120公里範圍內的數百處礁石，但所有的島嶼加起來，其乾燥陸地面積並不超過十平方公里。

此次的航程頗令船長擔心，儘管各種跡象顯示，不少圖上標示的礁、岩與島嶼在西太平洋上並不存在，但在紐西蘭以西的海域卻有不少這類突出物，諸如沃楚西特礁、埃內斯特·勒古韋礁（Ernest Legouvé Rock）、邱比特礁（Jupiter Breakers）、或瑪麗亞·特里薩礁等。在無法百分百排除它們的存在之前，為保險起見，依然不該將它們從地圖上刪除。

此刻，南方考察者號已經來到珊迪島的座標位置。科學家緊盯著螢幕，看著這艘船通過谷歌地球上顯示的黑點，有人大笑，有人莞爾，在這一刻，大家都明白，他們已經證明珊迪島並不存在。其中一人甚至認為，他們已經改變了這個世界，至少是些微的改變：修正了地圖上的一個錯誤。

2012 年 11 月 21 日，南方考察者號安全返回布里斯班的港口。西頓隨即向澳洲媒體宣布，此行在東珊瑚海並未見到珊迪島。這件消息傳遍了全世界，受矚目的程度不亞於發現了人類未知的土地。

幾星期後，世人也發現珊迪島不存在一事，其實早已為人所知：2000 年時，一群無線電玩家前往切斯特菲爾德群島，這裡距珊迪島

不到一百公里。這群玩家想從全世界最偏遠的島嶼發出無線電訊，企圖締造新紀錄。他們無意中在一幅地圖上見到珊迪島，認為該島是此次測試的絕佳地點，但搜尋的結果卻未見到珊迪島。後來他們在有關此行的報導中提及此事，可惜無人注意到這個額外的新知識。

2012年11月，谷歌將珊迪島從地圖上刪除。是誰將珊迪島傳播到世界上？一些知名的地圖又為何採納？直到2013年初，這些疑問依舊沒有解答。珊迪島位於法國領海，但法國並未將這座島嶼列為正式領土，而且早在數年前便將此島從法國的海圖上刪除。

珊迪島自2000年起出現在澳洲的導航圖上，其中一個來源是出自美國中情局的地圖資料。有專家認為這與陰謀詭計和核彈測試有關，也有專家認為原因可能出自某個可笑的失誤：某次在將老地圖數位化時，有隻蒼蠅被壓死在地圖與掃瞄機之間，因此珊迪島才會像個黑色窟窿。

2013年夏，肖恩·希金斯（Shaun Higgins）終於揭開了珊迪島之謎。希金斯是紐西蘭奧克蘭戰爭紀念博物館（Auckland War Memorial Museum）的圖書館員，他在文獻中發現一處古老的紀錄：珊迪島首次出現在英國海軍部1908年的地圖上，被畫成點狀的雪茄形島嶼，在製圖界，點狀的標示代表存疑。此外，地圖邊緣還註記：「航行於大西洋這些淺島之間時，仍需小心為上。這些細節乃匯集長年以來不同測量員的實測，因此許多危險地點的相對位置或許無法精準呈現，也可能存在尚未被人發現的島嶼。」這段話說得再清楚不過了。

希金斯將他的發現發表在博物館的部落格，後來他又接獲更多資料。有讀者寫信告訴他，在1879年的《澳洲指南》（*Australia Directory*）中提到，捕鯨船「速度號」（Velocity）的船長曾經報導過兩件水文地理學發現：「拍擊海岸的巨浪」與「一群沙島」（sandy islands）自北而南延伸而下。或許這位船長目的在提醒大家留意某個他自己不敢冒險接近探查的危險地點。

又或許速度號的船長認為自己見到了將近一百年前，法國航海

家約瑟夫・布魯尼・丹特爾卡斯托（Joseph Brunyd'Entrecasteaux）所發現的島嶼：1792年6月28日至7月1日間，丹特爾卡斯托於東珊瑚海發現了幾座島嶼，他將其中一座命名為「沙島」（Île de Sable）。如今這座島嶼被標示在新喀里多尼亞島西北端前方一處群島之中。與此相較，速度號船長測定的位置似乎出現了數百公里的誤差。

Azoren
亞速群島

聖布倫丹群島 · 大西洋

[Sankt-Brendan-Inseln, Saint Brendan's Island]

35°

位置　加那利群島

大小　不詳

發現　約530年，1719、1721、1759年

地圖　埃布斯托夫世界地圖（Ebstorfer Weltkarte，1235年）、

安杰利諾·杜切爾特（Angelinus Dulcert，1339年）

馬丁·貝海姆（Martin Beheim，1492年）

Porto Santo
聖港島

Madeira
馬德拉群島

30°

加那利群島
Kanarische Inseln

La Palma
拉帕爾馬島

Teneriffa
特內里費島

El Hierro
耶羅島

SANKT-BRENDAN-
INSELN
聖布倫丹群島

Gran Canaria
大加那利島

Fuerteventura
富埃特文圖拉島

25°

AFRIKA
非洲

20°

Kapverdische Inseln
維德角群島

愛爾蘭的布倫丹修道院院長齋戒了40天後，才帶領14名修士冒險航向大西洋，尋找傳說中的喜樂島（Insel der Seligen）。他們的船是由木材套上公牛皮建造的。在海上航行40天後，他們見到了第一座島嶼，此島險峻又多岩，一行人花了三天，才找到停泊處。登上島嶼後，他們看到一座大廳，大廳內的餐桌已經擺設妥當。布倫丹警告夥伴，切不可受撒旦引誘而偷竊，但其中一名修士卻忍不住行竊，如此一來，任何禱告也救不了他，於是他的靈魂被熾天使（譯註：撒旦）接走。

布倫丹與其他修士繼續航行，從一座島到另一座島。有一次，他們見到巨大的白綿羊，另一次則飲用了魔泉之水，有些夥伴因此睡了三天三夜。在另一座島上的一棵樹上滿是白鳥，其中一隻白鳥飛下來告訴布倫丹，他們還要七天才能抵達上帝應許之地。

後來他們來到一座島嶼，島上布滿紫紅色的果實；在另一處，空氣中散發著石榴的香氣。還有一次，他們見到一間鐵匠鋪，那裡煙霧瀰漫，傳來擊錘的巨響；在另一座島上，他們以漂流木生火。後來島嶼突然下沉，他們趕緊逃回船上，這才發現那座島其實是一隻鯨。

他們從這座島航行到另一座島。根據布倫丹的故事，有一次海水凝結，另一次海水沸滾，接下來數星期則風平浪靜。突然間，一隻怪物攻擊他們，想將這些修士吞下肚。在他們的祈禱下，一隻噴火龍現身，將怪物撕成三塊。後來，一隻怪鳥從上空撲襲他們，這一次上帝同樣派遣一隻鳥來拯救他們。天上的信使告訴他們，他們應該分別在哪些島嶼過復活節、聖靈降臨節與耶誕節。有一次，他們見到耶穌的叛徒猶大坐在一塊岩石上；而在另一個地方，他們見到一位隱士。這位隱士靠魚和飲用星期天才流出的溪澗水維生，他在此等待他的審判日到來，並為布倫丹祝福。布倫丹一行人又向東航行了40天，此時濃霧遮蔽他們心所嚮往的島嶼。最後，他們在海邊受到一名少年熱情的擁抱，並得知他們已經抵達了目的地。少年表示，上帝將祂的祕密藏在大洋上。布倫丹一行人僅稍事停留，採集水果與寶石，便返回

家鄉了。

　　布倫丹修道院長確有其人。他在西元480年生於愛爾蘭西南部，於512年接受神父受職儀式，之後與追隨者修建一座修道院。他曾遊歷赫布里底群島（Hebriden）、威爾斯（Wales）、布列塔尼（Bretagne）、奧克尼（Orkney）與法羅群島等地。據說旅行者布倫丹（Brendan der Reisende）試圖尋找應許之地，有關他的航海故事出現於九世紀初，後來除了有120種不同的拉丁文手稿，還有愛爾蘭語、佛蘭德斯語、加泰隆尼亞語、德語、法語、挪威語與盎格魯—諾曼語（Anglonormannisch）等版本。

　　1235年，布倫丹群島首次出現在一幅地圖上，這幅地圖存於下薩克森（Niedersachsen）埃布斯托夫一座本篤會修道院，作為祭壇背後的裝飾。這幅圓形地圖由河流、城市、海洋、動物與聖經場景組成複雜的圖案，中央是耶路撒冷。在最外圍，一座島嶼旁寫著：「Insula, perdita hanc invenit Sanctus Brandanus a qua cum navigasset a nullo hominum a postea a inventa」，意思是：「失落的島嶼，這便是自聖布倫丹發現後再無人見過的島嶼。」那裡標示了亞特拉斯山脈（Atlasgebirge）與大西洋的界線，緯度大約與今日的加那利群島相當。一般認為這幅地圖的創作者是埃布斯托夫大教堂的主教杰瓦斯·馮·提爾伯里（Gervasius von Tilbury）。

　　提爾伯里也是《皇帝的遊藝》（*Otia imperialia*）一書的作者。此書來源之一是何諾理·馮·雷根斯堡（Honorius von Regensburg）的《世界圖像》（*De imagine mundi*），這是一部大約寫於1100年的地理百科，雷根斯堡在書中介紹了戈耳工島（Gorgonen，譯註：蛇髮女妖）、赫斯珀里德斯（Hesperiden，譯註：希臘神話中為仙后赫拉看守金蘋果園的仙女）、波迪塔島（Perdita）與失落的島嶼。傳說若有意尋找波迪塔則覓之不得，唯有偶然邂逅才得一見。雷根斯堡寫道：這處人間樂園「之美好與物產之豐饒勝於周遭國度」。

　　十四世紀初，歐洲人航行到加那利群島，這些島嶼原先因陌生

而產生的魔力於是消失。在安杰利諾・杜切爾特1339年的地圖上，聖布倫丹群島位置移到了西北方，名稱分別是Canaria、Insula de Caprara與Coruimaris，總稱為Insulle Sct Brandani siue puelarum（聖布倫丹群島）。在今天，聖布倫丹群島指的是馬德拉群島附近的島群。此後，布倫丹群島在海圖上的位置便逐漸西移，愈來愈接近當時歐洲人所知世界的最外圍。

儘管如此，仍有探險隊繼續在西非前方尋找這群島的身影，甚至列出目擊者的名單。1759年，一名方濟會修士寫道，長久以來，他一直渴望有生之年能見到聖布倫丹島，5月3日清晨六點左右，視野清晰，他自拉帕爾馬島不僅眺望到耶羅島，還見到了另一座島嶼。他用望遠鏡看到島中央林木滿布。這次共約有40人見到這座島嶼，時間長達90分鐘，但到了下午，島嶼便消失不見。

這種虛實莫辨的情況原因出於加那利群島間的激流。1772年，編年史學家維耶拉─克拉維侯（Viera y Clavijo）在他的《信息》（Noticias）中提到一位加那利船長率領船隊自美洲回航，他相信自己「看到了拉帕爾馬島，但當他將航線轉向特內里費島的方向，卻驚訝地發現，翌日清晨，真正的拉帕爾馬島突然出現了。」類似的記載也出現在唐羅伯托・德・里瓦斯（Don Roberto de Rivas）上校的日記中。某日下午，德里瓦斯的船已經相當接近拉帕爾馬島，卻到隔天相當晚時才抵達當地。他推論是夜裡風與水流條件極度惡劣所造成的。

伴隨著美洲的發現，聖布倫丹群島在地圖上的位置也隱退到大西洋極西的位置。經過好長一段時間，原先的群島也演變成一座孤島：早在十六世紀奧特柳斯的地圖上，此島便以聖布倫丹島的名稱出現在紐芬蘭島（Neufundland）海岸前、弗里斯蘭島西北方。經過13個世紀之後，聖布倫丹島變成紐芬蘭島前方博納維斯塔灣（Bonavista Bay）深處的一群列島中，並於1884年改名為科特爾島（CottelIsland）。

冷知識

1976年，英國文化學者提摩西·塞佛林（Timothy Severin）曾經追尋布倫丹的路線，與四名夥伴自奧克森豪特（Ochsenhaut）啟航，乘坐一艘模仿布倫丹船隻的帆船橫渡大西洋，以此證明布倫丹可能遠航至美洲。若果真如此，這位愛爾蘭修士甚至比維京人早四百年就已遠至新大陸。

聖布倫丹群島

薩森貝格島 · 南大西洋

[Saxemberg, Saxemburgh]

位置　南緯30度45分、西經19度40分

大小　長19公里、寬4公里

發現　1670、1801、1816年

地圖　不詳

1801 年秋天，馬修·福林達斯（Matthew Flinders）航行到好望角。他在9月29日星期二在航海日誌中寫道：「自東南東吹來的信風再次增強，使我們得以日行80到90哩。」後來風向自東北轉而向西，因此當天他們抵達僅距離薩森貝格島以西6度處。不時有前往東印度的水手尋找薩森貝格島，但許多船隻都錯過了這座島嶼。福林達斯推測，或許是因為薩森貝格島的位置比地圖上標示的向東偏幾度的緣故。假如他沒找到這座島嶼，他便會感到愧咎，因此他命令手下向東航行。

薩森貝格島最初是在1670年由荷蘭航海家約翰·林德茨·林德曼（John Lindestz Lindeman）發現的。他測得的位置為南緯30度45分、西經19度40分。根據他所畫的草圖，薩森貝格島的地勢大都相當平坦，但中央有座尖頂山。林德曼或許是以德國北部某地為薩森貝格島命名的。

9月30日星期三，福林達斯發現數量異常的南美鴨嘴鯰、鸌與一隻大概屬燕鷗科的褐色鳥類，這種鳥的腹部是白色的，大小相當於鸏科鳥類。傍晚，瞭望台員與甲板上的人都表示，他們看到水中有隻烏龜，這表示附近可能有陸地，福林達斯期盼失落的薩森貝格島能再度出現。

10月1日星期四，福林達斯測得座標位置為南緯30度34分、西

經20度28分。他下令朝東南東的方向航行，這條航線幾乎可直接將他們送到薩森貝格島。但之後船隻雖又更往南航行了數哩，「但離設想的位置已經夠近，足以判斷薩森貝格島並不存在——假使還有人心存懷疑的話。」

十年後，福林達斯聽聞不久前有位航海者親眼見到了薩森貝格島。這位單桅帆船哥倫布號（Columbus）的指揮官龍恩（Long）先生自巴西啟航朝非洲航行，1809年9月22日，龍恩在航海日誌上記載：「17點，於東南東方向見到薩森貝格島。先是在相距41里格處：天氣清朗，測得前述島嶼約在南緯30度18分、西經28度20分的位置。」他朝這座島嶼接近，島長約四里格、寬2.5哩，島嶼西北端有處陡峭的海岸，還可看到樹木與一處沙灘。起初福林達斯還頗為懷疑，現在他終於相信薩森貝格島確實存在。他表示，自己與這座島緣慳一面並不足為奇，圖上標示的位置相當不清楚，致使他在1801年9月28日的位置，與龍恩所見的薩森貝格島的位置偏離了80多哩遠。

在此期間，美國蓋洛威（Galloway）船長也曾自范妮號（Fanny）見到薩森貝格島。該島離他們的航線55公里，且持續六小時都在視野範圍內，而且如林德曼所言，島嶼中央矗立著一座山。

後來，薩森貝格島的存在再次獲得真正英國人號（True Briton）的賀德（J. O. Head）船長證實：「八點，清爽的微風從西北方吹來，天色晦暗多雲，這時我們見到我們認為是一座島嶼的物體。」1816年3月9日，賀德如此寫道。南端出現高高的尖頂，尖頂朝北方傾斜變低。有六小時之久，他都看得到這座島嶼。後來開始下雨，島嶼才從眾人視線中消失，但他們認為，那應該就是薩森貝格島。

林德曼的說法與賀德一致，他們提到的位置也相同。但此後便再也沒有人見過薩森貝格島。

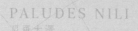

PALUDES NILI
尼羅大澤

20°
30°
40°
50°

TERRA AUSTRALIS INCOGNITA
未知的南方大陸

AMERIKA
美洲

300°

未知的南方大陸 · 南方海洋

[Terra Australis incognita]

位置　南半球

大小　比亞洲大

發現　亞美利哥・維斯普奇（1503/04年）、

佩德羅・德・基羅斯（Pedro de Quirós，1605年）、

讓—巴蒂斯特・夏爾・布威（1739年）

地圖　約翰尼斯・荀納（Johannes Schöner，1515年）

24

290°　　　280°　　　270°　　　260°　　　250°

他們用弓箭射殺獅子、豹與海狸，將獸皮製成衣物保暖、擋風；他們以斧頭為工具，播撒大如豆的特殊種子，長成後結的果實嗆辣如胡椒；此地的熱帶稀樹草原上，鳥兒踏著毛茸茸的雙腳漫步，巨大的森林覆蓋著這片土地，冰河高起，居住在群山之間的部族挖掘金、銀與銅，他們不知世上有鐵，因此戰士身上披的甲冑皆以黃金製成。「該地區人民壽命可達140歲。」紐倫堡的牧師兼地理學者約翰尼斯·荀納如此表示。此外，他還寫道，當時葡萄牙國王已命人尋找這塊南方大陸。

這塊大陸最早出現在荀納1515年的地球儀上，位於南極，是大型的環狀陸地，中央為一片冰洋，陸地上散布著河流、遼闊的沼澤與兩座名稱分別是「山中湖泊」（Laco in montaras）與大澤（Palus）的湖泊。荀納認為這片位於南方的土地自成一塊大陸，因此以大寫字母BRASILE REGIO標示。他對這塊大陸的知識來自大約於前一年刊行的《巴西土地上的新消息》（*Copia der newen Zeytung aus Pressilg Land*）；其他細節則可能採用維斯普奇的報導，後者曾經沿著這塊大陸的海岸航行20哩。

在古希臘羅馬時期已有人推測南方有塊大陸。西元150年，克勞狄烏斯·托勒密（Claudius Ptolemaeus）曾表示，這塊大陸位於印度洋以南，與非洲接壤，並與北方大陸相抗衡。為避免地球失去平衡，地球上的大陸必須平均分配。托勒密在他的《地理學指南》（*Geographike Hyphegesis*）中提到Terra Australis（南方土地），大意是：我們生活的地方在東方與一片未知的土地接壤，而這片土地又與大亞洲的東部海流毗鄰；在南方同樣與一片包圍著印度洋的未知土地相鄰。依據托勒密的說法，在印度洋以南存在著一塊大陸。

中世紀時，基督教思想家接受了托勒密的觀點，認為上帝造物完美無缺，因此世上所有陸地勢必呈現某種對稱性。一時之間，許多地圖上紛紛出現了南方大陸。到了十六世紀末，這塊南方大陸佔據了南半球廣大的範圍，並且被稱為未知的南方大陸。

1567年，航海家阿爾瓦羅・德・門達尼亞（Alvaro de Mendaña）在勘查太平洋時，認為美拉尼西亞（Melanesien）就是南方大陸的最前哨。後來探險家佩德羅・德・基羅斯相信，南方大陸自新幾內亞（Neuguinea）延伸到南美洲，大小約為歐洲與亞洲的總和。1605年，基羅斯在瓦努阿圖群島（Vanuatu-Archipel）最大的一座島——埃斯皮里圖桑托島（Espíritu Santo，譯註：西班牙語，意為「聖靈」）上成立了一間宣教所。他認為自己來到了南方大陸的最前哨，並意圖使當地未開化的民眾皈依基督教。可惜宣教很快就演變成了暴力行動。

在十八世紀，地圖上依然可見南方大陸的身影。1739年，布威在南大西洋發現布威島時，原本以為已經抵達了未知大陸的最前哨。

1756至1763年的七年戰爭結束後，英國成了海上霸主，詹姆斯・庫克也受命尋找南方大陸。「有理由相信，可望於此航線以南發現一塊大陸或大面積的土地。」庫克兩度出航，渡過太平洋的廣大海域。1775年，庫克寫道，「搜尋行動結束。此次行動目標在於尋找海上霸權將近兩百年來、從古至今所有地理學者所密切關注者。」

惡魔島・大西洋

[Satanazes, Satanzes, Isla de los Demonios]

位置　亞述群島以西，近格陵蘭，南美洲之前
大小　與瑞士相同，後來逐漸縮小
發現　不詳
地圖　祖阿尼・皮茲加諾（Zuane Pizzigano，1424年）、
約翰尼斯・魯伊希（Johannes Ruysch，1508年）

Juan

TEUFELSINSEL
惡魔島

FRISLAND
弗里斯爾島

IRLAND
愛爾蘭

ENGLAND
英格蘭

Breasil
布雷西爾島

HISPANIA
伊比利半島

Azoren
亞速群島

北歐傳說曾論及一座惡魔島。據說附近海面會突然伸出一隻巨手攫住船隻；也有人說，生活在附近險峻海邊的巨怪會發出恐怖的吼聲；就連哥倫布也都曾談到奇形怪狀的生物、獨眼男人，以及口鼻有如狗般的食人獸，但這些並非他親眼所見。至於亨利‧哈德遜（Henry Hudson）則宣稱，1608年他曾在北極地區見過一隻美人魚，她的胸、背肖似女人，身高與人類相當，但皮膚白如石灰。

起初，惡魔島離歐洲海岸相當近。1424年，皮茲加諾在西班牙以西的大西洋上畫了一座藍色的方形島嶼，並在一旁以紅色的印刷字體寫下：ista ixolla dixemo satanazes，意思是此島名為惡魔島。他認為既然有良善的基督教島嶼安提利亞，也應該有邪惡的惡魔島。

在十六世紀，惡魔島有如撒旦般，其形狀、名稱與位置不斷改變。1508年，天文學與地理學家魯伊希在他的地圖上畫出杏仁狀的雙連島，名為「Isla de los Demonios」；他本人或許曾經航行到那一帶。這處雙連島位於紐芬蘭島前方，一處鮮有人的地帶。而魯伊希在地圖上雙連島旁寫下的句子，彷彿是他親眼所見：「魔鬼襲擊靠近這些島嶼的船隻。」那是否為叫聲淒厲的海鳥？

法國船員也曾提到紐芬蘭島附近有一座惡魔島嶼，並宣稱他們隱約聽到了人類的咆哮聲，且堅信那是魔鬼爭相折磨人類。這些魔鬼會攻擊經過的船隻與膽敢踏上該島的人。

十六世紀中，巴黎的沙龍之間流傳著一則怪誕的故事。有位貴族女性瑪格麗特‧德‧拉洛克‧德‧羅貝瓦爾（Marguerite de La Rocque de Roberval）在年輕時曾搭乘伯父的船隻前往美洲，她的伯父奉國王之命準備到新大陸建立第一個法國殖民地。途中她與一名船員相戀，她與情郎和一名奶媽因此被遺棄在一座荒涼的島上。夜裡，當地有恐怖的惡魔發出淒厲的叫聲，飛掠空中。後來情郎和奶媽相繼過世，唯獨她一人被一艘船救起，帶回法國。

當惡魔島隨著歲月推移慢慢從地圖上消失時，法國植物學家尚—巴蒂斯特‧蒂博‧德‧尚瓦隆（Jean-Baptiste Thibauld de Chanvalon）動

身前往南美洲，並於1763年在南美海岸前發現一座不為人知的小島，於是他將此島命名為「Îledu Diable」（惡魔島），當時他未料到日後這裡會成為一座監獄島。對於著名的囚徒阿弗雷·德雷福斯（Alfred Dreyfus）而言，這裡是人間地獄：1895年4月13日，德雷福斯被送抵這一座多岩島嶼。他被判叛國罪，並遭解除砲兵軍官的軍銜。他在僅四平方公尺的小屋中被囚禁了四年之久，其間不得與守衛交談，體重大減，並多次發高燒。儘管如此，巴黎當局依然認為他有逃亡之虞，夜間將他綁在床上，並在小屋四周築起數公尺高的圍籬。數年後，當局才公開承認，德雷福斯被囚於惡魔島是一樁冤獄。

GRÖNLAND
格陵蘭

阿爾巴
Alba

Grimle
格林姆勒

圖利歐斯
Tulios

Anafiord 安納菲奧爾德

THULE
圖勒島

Griflada
格利夫拉達

FRISLAND
弗里斯蘭

圖勒島 • 大西洋

[Thule, Tile, Tuli, Tyle]

位置　緯度63度

大小　不詳

發現　約西元前330年

地圖　「海圖」（Carta Marina，1539年）

北歐從未如此精準地出現在地圖上：1539年，瑞典神父奧勞斯‧馬格努斯（Olaus Magnus）發表了他的《海圖與北方諸國之介紹及其奇聞》（*Carta Marina, die Seekarte und Beschreibung der nordischen Länder und deren Wunder*）。馬格努斯耗費12年的光陰完成這部傑作：從北方巴倫支海經西方的格陵蘭到位於東方的俄國，歐洲人因此對北歐有了相當清晰的認識，而且色彩繽紛。帆船表示漁場、通商航路或巨大的漩渦；海上散布著儒艮、巨型龍蝦、毒蛇等各種稀奇生物；挪威受峽灣切割；在蘇格蘭與冰島之間坐落著一座名為「Tile」（圖勒）的神祕島嶼，島上有聚落、一座宮殿，還有森林與草地。在圖勒島的前方游著一隻遭虎鯨噬咬的鯨。

　　這部《海圖》依據了1,200多年前希臘學者托勒密編纂的地理文集。在托勒密的時代，羅馬帝國的幅員早已過於遼闊，托勒密大約從西元150年開始匯整七千多處定居點的位置。他的資料主要來自羅馬人與亞歷山大大帝（Alexander der Große）的軍事測量隊伍。借助太陽高度，這些位置的準確度能達到十公里。托勒密將結果清楚列在他的《地理學指南》當中。他將圖勒島的中央位置設定在緯度63度，而他所採用的資料認為圖勒島以北還住著斯基台人（Scythian）。此外，據說羅馬帝國的考察隊伍在繞過不列顛航行時曾經見過圖勒島。或許托勒密所說的圖勒島指的是昔德蘭群島（Shetland）中的某一座島嶼。

　　早在古希臘羅馬時期，圖勒島就已是一個充滿傳奇色彩的地方，相關最古老的傳說可追溯自古希臘天文學家皮西亞斯（Pytheas）的旅遊報導。西元前330年左右，皮西亞斯曾經前往北歐進行研究。他從家鄉——當時的希臘殖民地、現在的法國馬賽——啟航前往不列顛群島（Britische Inseln），搭乘皮筏前往愛爾蘭，可能也曾踏上奧克尼與昔德蘭群島。途中，這位冒險家進行了異常精準的地理測量，也探討地軸傾斜的現象，同時觀察到潮汐受月球的影響。皮西亞斯這位傑出的自然學者更前進海上，他在離不列顛群島相當遙遠處，在世界的盡

頭發現了一個地方，並命名為「Ultima Thule」（譯註：意為「世界的盡頭」）。

可惜皮西亞斯的旅遊報導《海洋》（*Über den Ozean*）已經失佚，只能從後來一些作者的作品中略窺一二，例如斯特拉波（Strabon）的《地理學》（*Geographie*）、老普林尼的《博物誌》（*Naturgeschichte*）與羅德島的格彌諾斯（Geminos von Rhodos）的《天文學導論》（*Eisagoge*）等，後者從《海洋》中原文照錄的只有這一句話：「這一帶夜晚極短。」

根據古希臘羅馬自然學者的說法，圖勒島位於不列顛以北六日航程的某處。這種看似粗略的估計，有可能是相當精準的距離標示。在地中海，所謂一日航程指的是156.5公里，若不計風力強弱，六日航程大約是940公里。

由此推論，從不列顛群島出發後，皮西亞斯可能來到冰島。在某一份古希臘羅馬時代的文獻中曾經提及圖勒島上的黑夜僅持續兩、三個小時；在夏至，冰島南部黑夜確實長三小時，北部則只有兩小時。此外，也有人談到，在距離圖勒島一日航程之處，是一片「凍結的海洋」，可能是指大量的浮冰，而這種描述也符合冰島的情況。

另一方面，皮西亞斯也遇到種植穀物、採集蜂蜜的人。但在當時冰島尚無人居住，而在論及皮西亞斯旅程的古希臘羅馬文獻中，也從未談到間歇熱水噴泉或火山。

倘若皮西亞斯並非往北，而是朝東北方航行，他便會抵達挪威海岸。挪威的斯莫拉島（Smøla）與特隆赫姆峽灣（Trondheimfjord）有居民群聚而居，並從事農耕。其中特隆赫姆峽灣擁有肥沃的黏土質土壤，北大西洋暖流更為當地帶來濕暖的氣候型態。

特隆赫姆峽灣和斯莫拉島的夏日與冰島一樣，白晝極長，皮西亞斯僅需沿著海岸向北再航行數公里，黑夜就會短到只有三小時。說不定他是第一位見識到午夜太陽的南歐人呢！

然而，沒有任何古希臘羅馬作者曾經談到皮西亞斯見過峽灣，

而只知道他看到幾條河流。更重要的是，在挪威那一帶並無「凍結的海洋」：無論在今天或皮西亞斯所處的時代，在斯莫拉島前大西洋上都沒有冰塊漂流。也許所謂凍結的海洋，只是文學上慣見的修辭手法，或許只是想讓故事更加生動精彩——一如製圖師馬格努斯可能並非真的相信海怪與大怪蟹的存在。

圖阿納奇群島 · 太平洋

[Tuanaki, Tuanahe, Haymet-Felsen]

位置　南緯27度11分、西經160度13分
大小　不詳
發現　1842、1863、1874、1877年
地圖　不詳

1863 年，黑梅特（J. E. Haymet）船長指揮的多桅帆船威爾·瓦屈號（Will Watch）自紐西蘭啟航，準備前往庫克群島。在大海上，船突然撞上一塊岩石。正當黑梅特檢視受損的船身時，他發現南方海上還有另一塊岩石，而他們所在的位置，海深也不及兩公尺。他測定這處淺灘的位置為南緯27度11分、西經160度13分。很快地便有人推測，這些岩石是否是傳說中圖阿納奇島的殘塊。

　　長久以來，庫克群島的原住民一直流傳著關於圖阿納奇的傳說，據說那是三座受到一處礁石保護的平坦島嶼，從拉羅湯加島（Rarotonga）乘坐獨木舟往西南方向划行，需要兩日才能抵達。

　　1843年6月，教士威廉·吉爾（William Gill）曾經和一名原住民動身尋找圖阿納奇。途中他們在愛圖塔基島（Aitutaki）停歇，當地痢疾肆虐，已經有30人因此喪命。他們在那裡結識了一位名叫索馬（Soma）的男子，並從索馬口中聽到圖阿納奇島的見聞。據說兩年前索馬才與一艘大船的船長划船前往圖阿納奇島，準備尋找當地原住民，當時船長命令他務必攜劍隨行。最後他來到當地族長阿利奇（Ariki）的家門口。

　　阿利奇在屋內呼喊：「你從哪裡來？從阿勞拉（Araura）嗎？」索馬進入屋內，屋內坐著一群男子，這些人詢問船長人在何處。聽到他們說，陌生人，你們不必懼怕我們，我們只會跳舞，不會與人作戰，

索馬這才將船長帶過去。船長在阿利奇家中獻上帶來的禮物，包括一把斧頭和一頂帽子。晚上，原住民以一艘小船將雞、豬、薯、香蕉、芋頭和椰子送往索馬他們的船隻，索馬與船長在當地停留了六天。吉爾教士默默聆聽這則故事，並表示想多了解圖阿納奇島人的事。「他們就跟我們一樣，」索馬說：「他們服從阿利奇的權威，必須上繳食物作為貢品。」他們說著和索馬相同的語言，穿著和索馬相同的穗飾披肩。索馬表示，不消一夜便可抵達圖阿納奇島，但他現在不想去，就算給他錢也不要，因為他一個姊妹已經死去，另一個如今不久人世。

　　吉爾教士於是放棄了這個計畫。隔年，據說圖阿納奇島在某次火山爆發時，有如亞特蘭提斯般沒入海底，只有少數人活命，而黑梅特岩（Haymet-Felsen）或許就是圖阿納奇島殘存的部分。1863年，一艘船撞上黑梅特岩，差點撞碎，這也是首次有人發現這些殘塊。它們有如兩座寂寞的塔一般突出海面，但此後再也尋覓不到它們的蹤跡了。

威洛比之地 · 北極海

[Willoughby's Land]

位置　北緯72度

大小　不詳

發現　1553年

地圖　彼得勒斯・普朗修斯（Petrus Plancius，1594年）

當1554年春天冰雪消融時，一群俄國漁民前往他們位於北海海岸的偏僻漁場。之前他們從未在此見過任何人，但這次他們卻在某個河口見到兩艘鬼魅般的船隻，這兩艘船比他們的大多了。船上沒有任何煙氣升起，甲板上也不見人影，漁民高聲呼喚，卻得不到任何回應，也聽不到任何聲響。他們爬上船，將門一一撬開，眼前的景象令他們大為震驚：艙室中四處躺臥著已凍僵的士兵、船員與商人。

漁民在其中一艘船上發現了一本筆記，然後呈交給當地的最高長官。筆記是英國極地探險家休・威洛比（Hugh Willoughby）所寫，裡面談到希望號（Bona Esperanza）與信心號（Bona Confidentia）的悲劇。

將近一年前，1553年5月，威洛比與三艘船從倫敦出航。一如許多地理學者，他相信世上存在一條東北航線（Nordostpassage）。這是經過北極前往東亞的海上交通線，他對贊助者提出許多保證：尚未被發現的地區、新領土，最重要的是一條前往中國的短程貿易線。當船隊駛離泰晤士河時，上百名群眾站在碼頭上揮舞著手，砲聲隆隆，英王愛德華六世（Edward VI）也在塔上送別。雖然希望號、信心號與愛德華幸運號（Edward Bonaventura）已為過冬做好準備，但他們其實計畫在入冬前抵達目的地。

威洛比是一位身經百戰的軍人，曾在英格蘭與蘇格蘭邊界出生

入死，但對海洋所知有限；在海上，負責的人是他的船長，他們規定每日必須晨禱、禁止擲骰子賭博，並警告船員提防美人魚的誘惑。頭幾個星期，船隊前往挪威，接著沿著挪威海岸朝北方挺進。八月初，他們來到羅弗敦群島（Lofoten）前，這時突然颳起狂風，三艘船也分道揚鑣。愛德華幸運號依照遭遇此類災難的應變規定，獨自航向挪威東北部的一座小島，在當地等候。

一週後，愛德華幸運號獨自繼續接下來的行程，理查德‧錢塞勒（Richard Chancellor）船長繞過科拉半島（Kola-Halbinsel）進入白海（Weißes Meer），航渡未知水域，最後抵達阿爾漢格爾斯克附近，聖尼可拉斯島（St. Nicolas）海灣的一處港口。錢塞勒在數名手下的護送下走陸路前往莫斯科，並於克里姆林宮受到「恐怖伊凡」（Ivan der Schreckliche，譯註：即史上第一位俄國沙皇伊凡四世）熱烈歡迎，雙方歡慶英、俄之間新發現的貿易路線。

與此同時，希望號與信心號在科拉半島前方一處多岩的海灣停泊，此地離摩爾曼斯克（Murmansk）不遠。當他們抵達約定的地點時，錢塞勒的船已經離開了。兩艘船在當地等候數日後再次啟航，結果在後續的航程上又浪費了一些時間。「第14天，我們一大早便發現陸地，我們放下小艇，想探查這究竟是哪塊陸地，卻未能上岸。」威洛比在筆記中如此記載。然而，他並未說明為何未能上岸，或許海水太淺且遍長海藻。確定的是，他們並未見到任何房屋或居民。這片陸地「位於緯度72度」，挪威以北的海上。

威洛比和隨行的62名夥伴是第一批在北極圈過冬的歐洲人，他們見到熊、狐狸、成群的馴鹿和魚類。後來氣溫降得更低，他們派出偵查隊前往各處，尋找有人居住的聚落，但都無功而返。返回原地後，威洛比的筆記便戛然而止。最後，酷寒為這些人帶來了大災難。他們關閉所有的艙口、燒煤取暖，結果死於煤烟中毒。

直到隔年春天，他們的屍體才被俄國漁民發現。這場災難震驚英國，儘管沒有人知道威洛比提及的島嶼確切地點在何處，這座島嶼

依然以他命名。

　　這樁慘劇發生後40年，1594年荷蘭地理學者彼得勒斯・普朗修斯將這座小島標示在他的北極地圖上，位置在巴倫支海上，但同時註明，他不相信世上真的存在這座島嶼。普朗修斯之所以收入威洛比之地，原因只有一個：他不希望有人批評他的地圖不夠完整。

　　1610年7月，探險家亨利・哈德遜想尋找該島卻無所獲。但英國人依然堅稱是威洛比發現了熊島，以及史匹茲卑爾根島（Spitzbergen），這位民族英雄不該遭人遺忘。

附註

關於本書地圖

　　本書所有的幽靈島嶼地圖都是參考歷史資料，專門為這本書繪製的。我們匯集了製圖學上傑出名家的地圖，堪稱是六百多年來的地圖史結晶。這一點也說明了，某些島嶼形狀何以令人難以費解，且部分島嶼與已知陸地的比例顯得相當荒謬。

　　此外，地圖上標示的經度也可能令人驚訝，不一定符合我們今日所知的經度劃分。這是因為要到1884年，在華盛頓舉辦的國際子午線會議（Internationale Meridiankonferenz）上，才確立了全球一致的經線新標準。

　　因此，本書中的地圖和島嶼往往與實際情況有相當的出入；但也正因如此，這些地圖恰好反映出不同時代人的觀點。

關於參考資料

　　本書並非以學術研究為目的，不求內容完備無遺漏；而相關資料的取得也相當困難：直到今日，這一方面的二次文獻數量極為有限，其中包括本書最後參考資料中列出的唐納‧強生、亨利‧史托梅（Henry Stommel）與雷蒙德‧H‧雷姆西（Raymond H. Ramsey）等人的書籍。但這些資料主要侷限在大西洋上的少數島嶼，倘若僅只參考市鎮與大學圖書館的館藏，本書就無法問世。所幸借助網路，有不少歷史悠久的原典，我們至少能一窺它們的部分面貌；而虛擬專業圖

書館更提供了各種航海日誌，或者至少提供了摘錄部分航海日誌內容的論述。儘管如此，有時我們也無從得知，這些第一手文獻究竟發表於何時、出自何人之手。此外，某些研究論文並未說明引述的原典出處，而某些引文則是為了撰寫本書才翻譯的。因此，書末的參考資料僅只列出百科類書中介紹過的知名作者的書籍。

參考書目

安提利亞

保羅・達爾・波佐・托斯卡內利（Paolo dal Pozzo Toscanelli）：〈寫給費南多・馬提尼茲的信〉（Brief an Fernando Martinez），1474年6月25日。

亞特蘭提斯

柏拉圖（Platon）：《克里提亞斯篇》（*Kritias*）與《蒂邁歐篇》（*Timaios*），西元前四世紀。

阿塔納斯・珂雪（Athanasius Kircher）：《沉沒的世界》（*Mundus Subterraneus*），1664-1678年。

奧羅拉群島

亞美利哥・維斯普奇（Amerigo Vespucci）：《書信集》（*Lettera*），1505年。

詹姆斯・威德爾（James Weddell）：《航向南極》（*Voyage towards the South Pole*），1827年；摘錄自亨利・史托梅（Henry Stommel）：《失落的島嶼》（*Lost Islands*），英屬哥倫比亞大學出版社，溫哥華，1984年。

埃德加・愛倫坡（Edgar Allan Poe）：《南塔基特亞瑟・戈登・皮姆的故事》（*The Narrative of Arthur Gorden Pym of Nantucket*），mareveverlag，

漢堡，2008年。

波羅的亞

普林尼（Plinius）：《海洋》（*Über den Ozean*），西元前四世紀。

西西里的狄奧多羅斯（Diodor von Sizilien）：《史書集成》（*Diodori Siculi Bibliotheca historica*），約西元60年。

老普林尼（Plinius der Ältere）：《博物誌》（*Naturgeschichte*），約西元77年，作品引述自奧古斯特·弗里德里希·保利（August Friedrich Pauly）：《大保利古典學百科全書》（*Real-Encyclopädie der classischen Altertumswissenschaften in alphabetischer Ordnung*），第3卷，Metzler，斯圖加特，1992年。

貝梅哈

阿隆索·德·夏維斯（Alonso de Chaves）：《航海者之鏡》（*Spiegel der Seefahrer*），1536年；引述自卡洛斯·康崔拉斯·塞爾文（Carlos Contreras Servín）：《以原住民地圖作為前西班牙時期各文化其地理位置之證據》（*La cartografía indígena como testimonio de la identidad territorial de las culturas prehispánicas*），2009年。

布威島群

卡爾·楚恩（Carl Chun）：《海洋深處》（*Aus den Tiefen des Weltmeeres*），1900年。

巴斯島

〈湯瑪士·威爾斯的報告〉（Thomas Wiars' Bericht），收錄於理查·黑克盧伊特（Richard Hakluyt）：《英國主要的航海、航道、交通與地理發現》（*The Principal Navigations, Voyages, Traffiques and Discoveries of the English Nation*），1589年。

唐納・強生（Donald Johnson）：《海市蜃樓》（*Fata Morgana der Meere*），Diana Verlag，慕尼黑，1999年。

拜爾斯島與莫雷爾島

班傑明・莫雷爾（Benjamin Morrel）：《四趟遠航：前往南海、北與南太平洋》（*A narrative of four voyages: To the South Sea, North and South Pacific Ocean*），1832年；引述自亨利・史托梅：《失落的島嶼》，英屬哥倫比亞大學出版社，溫哥華，1984年。

克洛克島

唐納・巴克斯特・麥克米倫（Donald Baxter MacMillan）：〈尋覓新土地〉（In Search of a New Land），《哈潑雜誌》（*Harper's Magazine*），1915年。
同上：《冰雪北地四載》（*Four Years in the White North*），1918年。

弗里斯蘭島

尼科洛・齊諾（Nicolò Zeno der Jüngere）：《波斯紀行》（*De I Commentarii del Viaggio in Persia*），1558年；引述自唐納・強生：《海市蜃樓》，Diana Verlag，蘇黎士，1994年。

哈姆斯沃思島

亞瑟・庫斯勒（Arthur Koestler）：《箭入藍天》（*Arrow in The Blue*），德文版《Pfeil ins Blaue》由艾杜瓦・托爾胥（Eduard Thorsch）翻譯，Verlag Kurt Desch，慕尼黑，1952年。
林肯・埃爾斯沃思（Lincoln Ellsworth）與愛德華・史密斯（Edward H. Smith）：〈搭乘齊柏林伯爵號飛艇北極初探報告〉（Report of the Preliminary Results of the Aeroarctic Expedition with Graf Zeppelin），1931年，收錄於《地理學評論》（*Geographical Review*），第22卷，

第1號，1932年1月，第61-82頁。

弗雷德里克・喬治・傑克森（Frederick George Jackson）：《北極千日》（*A Thousand Days in the Arctic*），1899年。

胡安德里斯本島

莫里茨・奧古斯特・馮・貝尼奧斯基（MoritzAugust von Benjowski）：《穿越西伯利亞與堪察加，經過日本與中國抵達歐洲的旅程》（*Reisen durch Sibirien und Kamtschatka über Japan und China nach Europa*）：另摘錄班尤夫斯基其他經歷，1790年。

《衛報》（*The Guardian*），1977年4月1日。

下加利福尼亞島

加西亞・羅德里格茲・德・蒙塔爾沃（Garci Rodríguez de Montalvo）：《艾斯普朗迪安的英雄事蹟》（*Die Heldentaten Esplandíans*），1510年。

法蘭西斯科・普雷西亞多（Francisco Preciado）：《弗朗西斯科・德・烏羅亞搭乘聖阿加莎號橫渡死亡之海之發現、紀實》（*Relacion de los descubrimientos, hechos por Don Francisco de Ulloa en un viage por la Mar del Morte, en el navio Santa Agueda*），1556年；英譯見詹姆斯・伯尼（James Burney）：《南海或太平洋上的發現編年史》（*A Chronological History of the Discoveries in the South Sea or Pacific Ocean*），劍橋大學出版社，劍橋，2010年。

康提亞島

佛克馬・畢利格（Volkmar Billig）：《島嶼：魅惑的故事》（*Inseln. Geschichte einer Faszination*），Matthes & Seitz，柏林，2010年。

阿克塞爾・波亞諾夫斯基（Axel Bojanowski）：〈一座島嶼之夢〉（Ein Traum von einer Insel），《南德日報》（*Süddeutsche Zeitung*），2010年5月17日。

阿克塞爾・波亞諾夫斯基：〈夢幻島嶼〉（Inseln der Fantasie），《標準日報》（*Der Standard*），2009年8月25日。

阿克塞爾・波亞諾夫斯基：〈澳洲前方的地圖祕辛〉（Kartenmysterium vor Australien），《明鏡在線》（*Spiegel Online*），2012年11月22日。

阿克塞爾・波亞諾夫斯基：《連雨兩日後是週一與其他地球的神祕現象》（*Nach zwei Tagen Regen folgt Montag und andere rätselhafte Phänomene des Planeten Erde*），Deutsche Verlags-Anstalt，慕尼黑，2012年。

萊納・戈德爾（Rainer Godel）與吉迪恩・史提恩寧（Gideon Stiening）編：〈毒舌、誤解、異見？從系統性與方法論觀點探討康德與福斯特之爭論〉（Klopffechtereien – Missverständnisse – Widersprüche? Methodische und methodologische Perspektiven auf die Kant-Forster-Kontroverse）收錄於《啟蒙實驗室》（*Laboratorium Aufklärung*），第10卷，Wilhelm Fink Verlag，帕德博恩（Paderborn），2011年。

塞巴斯提安・赫爾曼（Sebastian Hermann）：《飛貓：日常生活中的1000則奇聞》（*Die fliegende Katze. 1000 Kuriositäten aus dem Alltag*），Knaur，慕尼黑，2010年。

塞繆爾・何索（Samuel Herzog）：〈野人似乎挺和善：漫遊虛構海景〉（Die Wilden scheinen wohl gesonnen – Unterwegs in einer fiktionalen Meereslandschaft），《新蘇黎士報》（*Neue Zürcher Zeitung*），2004年5月22日。

烏利・庫爾克（Ulli Kulke）：〈島嶼如何突然自地圖上消失〉（Wie Inseln plötzlich von den Karten verschwinden），同時見於《世界報》（*Die Welt*）、《漢堡晚報》（*Hamburger Abendblatt*）與《柏林晨報》（*Berliner Morgenpost*），2012年12月7日。

史蒂芬・寧克（Stefan Nink）：〈大海在望！幻島〉（Meer in Sicht! Island Fantasies），《漢莎航空雜誌》（*Lufthansa Magazin*），2012年8月。

基南島

馬庫斯・貝克（Marcus Baker）：〈阿拉斯加北海岸外一座未發現的島嶼〉（An undiscovered Island off the Northern Coast of Alaska），《國家地理雜誌》（*National Geographic Magazine*），1894年，第5期。

高麗島

讓・哈伊根・范・林斯霍滕（Jan Huygen van Linschoten）：《葡萄牙人東方航海指針》（*Reys-gheschrift vande Navigatien der Portugaloysers in Orienten*），1595年。

《東印度水路誌》（全名為：*Intinerario, voyage ofte schipvaert van J.H. van Linschoten naar Oost ofte Protugaels Indien*，又譯為《林斯霍滕的葡屬東印度航海旅行記》），1596年。引文見約翰・R・修爾特（John R. Short）：《高麗島：一則製圖史故事》（*A Cartographic History*），芝加哥大學出版社，芝加哥，2012年

亨利・G・L・薩文尼傑（Henry G. L. Savenije）：《西方製圖史上的高麗島》（*Korea in Western Cartography*）。

瑪麗亞・特里薩礁

儒勒・凡爾納（Jules Verne）：格蘭特船長的女兒（*Les Enfants du capitaine Grant*），A. Hartleben's Verlag，維也納／佩斯特（Pest）／萊比錫，1875年。

伯恩哈德・克勞特（Bernhard Krauth）：〈對安德利亞斯・費爾曼網頁上的研究（Recherche anf der Internetseite von Andreas Fehrmann）〉，j-verne.de，2016年。

新南格陵蘭島

班傑明・莫雷爾：四趟遠航：前往南海、北與南太平洋，1832年

歐內斯特・沙克爾頓爵士（Sir Ernest Shackleton）：《南方：堅忍號

探險記》（*South: The Endurance Expedition*），1920年。

威廉・菲爾希納（Wilhelm Filchner）、阿弗雷德・克林恩格（Alfred Kling）、艾利希・普勒居比洛克（Erich Przybyllok）：《前進第六大洲：德國第二次南極探險》（*Zum sechsten Erdteil – Die Zweite Deutsche Südpolar-Expedition*），柏林，Ullstein，1922年。

皮普斯島

威廉・哈克（William Hacke）：《最初的航行故事集成》（*Collection of Original Voyages*），1699年。

菲利普島與篷查特蘭島

條約：巴黎條約（*Treaty of Paris*），1783年9月3日。

J・P・D・鄧巴賓（J. P. D. Dunbabin）：〈繪製五大湖地圖動機探討：上加拿大，1782-1827年〉（Motives for Mapping the Great Lakes: Upper Canada, 1782 – 1827），《密西根歷史評論》（*Michigan Historical Review*），第31卷第1號，第1-43頁，2005年春季。

黑岩

傑拉杜斯・麥卡托（GerardusMercator）：〈致約翰・迪伊的信函〉（*Brief an John Dee*），1577年4月20日；援引自《世界圖像》（*Imago Mundi*），第13卷，Imago Mundi Ltd.，1956年。

佚名：《幸運的發現》（*Inventio Fortunata*），估計約1364年；參考切特・凡・杜澤（Chet Van Duzer）：《北極地區的虛構地理》（*The Mythic Geography of the Northern Polar Regions*）：《幸運的發現》與佛教宇宙論（*The Mythic Geography of the Northern Polar Regions: Inventio fortunata'and Buddhist Cosmology*）。

雅各布斯・克諾延・馮・赫佐根布胥（Jacobus Cnoyen of Herzogenbusch）：《不列顛亞瑟傳》（*Res gestae Arturi britanni*）。

喬納森‧斯威夫特（Jonathan Swift）：《格列佛遊記》（*Gulliver's Travels*），1726年。

珊迪島

《澳洲指南》（*Australia Directory*），第2卷，第3版，1879年。

聖布倫丹群島

佚名：《聖布倫丹航行記》（*Navigatio Sancti Brendani*），約570年

何諾理‧馮‧雷根斯堡（Honorius von Regensburg）：《世界圖像》（*De imagine mundi*），約1100年。

杰瓦斯‧馮‧提爾伯里（Gervasius von Tilbury）：《皇帝的遊藝》（*Otia imperialia*），13世紀初。

維耶拉一克拉維侯（Viera y Clavijo）：《信息》（*Noticias*），1772年。

薩森貝格島

馬修‧福林達斯（Matthew Flinders）：《航向南方大陸》（*A Voyage to Terra Australis*），1814年。

未知的南方大陸

克勞狄烏斯‧托勒密（ClaudiusPtolemäus）：《地理學指南》（*Geographike Hyphegesis*），約150年。

約翰尼斯‧荀納（Johannes Schöner）：〈對所有陸地最傑出的介紹〉（Luculentissima quaedam terrae totius descriptio），援引自法蘭克‧貝爾格（Frank Bergcr）編：《約翰尼斯‧荀納1515年的地球儀》（*Der Erdglobus des Johannes Schöner von 1515*），Henrich Editionen，法蘭克福歷史博物館（Historisches Museum Frankfurt），2013年。

圖勒島

皮西亞斯（Pytheas）：《海洋》（*Über den Ozean*）。

格彌諾斯（Geminos）：《天文學導論》（*Eisagoge*），援引自克里斯蒂安·馬克思（Christian Marx）：〈皮西亞斯與托勒密的圖勒島位置何在〉（Lokalisierungvon Pytheas' und Ptolemaios' Thule），收錄於《大地測量學、地理資訊與土地管理雜誌》（*Zeitschrift für Geodäsie, Geoinformation und Landmanagement*），2014年第3期。

圖阿納奇群島

援引自亨利·史托梅：失落的島嶼，1984年，書中名稱為Tuanahe。

威洛比之地

威洛比本人之記載見理查·黑克盧伊特：《英國主要的航海、航道、交通與地理發現》，第2卷，1903年。

約翰·平克頓（John Pinkerton）：《世界各地最佳最有趣的航行和旅行總集》（*A General Collection of the Best and Most Interesting Voyages and Travels in All Parts of the World*），倫敦，1808年。

埃利諾拉·C·戈爾登（Eleanora C. Gordon）：〈威洛比爵士與夥伴之命運：新推論〉（The Fate of Sir Willoughby and His Companions: A new Conjecture），《地理學雜誌》（*The Geographical Journal*），第152卷，第2號，1986年7月。

國家圖書館出版品預行編目資料

幽靈島嶼：浮沉於地圖上30個島嶼故事 / 迪爾克.理瑟馬(Dirk Liesemer)作；賴雅靜譯. -- 初版. -- 新北市：遠足文化, 2018.09
　　面；　公分. -- (歷史.跨越；4)
譯自：Lexikon der Phantominseln
ISBN 978-957-8630-69-7(平裝)
1.島嶼 2.旅遊 3.世界地理
719　　　　　　　　　　　　　　　　　　　　　　　107014261

遠足文化

讀者回函

歷史 · 跨域04

幽靈島嶼：浮沉於地圖上30個島嶼故事
Lexikon der Phantominseln

作者 · 迪爾克 · 里瑟馬（Dirk Liesemer）｜譯者 · 賴雅靜｜責任編輯 · 龍傑娣｜編輯協力 · 胡慧如｜校對 · 楊俶儻｜封面設計 · 紀鴻新｜出版 · 遠足文化事業股份有限公司 · 第二編輯部｜社長 · 郭重興｜總編輯 · 龍傑娣｜發行人兼出版總監 · 曾大福｜發行 · 遠足文化事業股份有限公司｜電話 · 02-22181417｜傳真 · 02-86672166｜客服專線 · 0800-221-029｜E-Mail · service@bookrep.com.tw｜官方網站 · http://www.bookrep.com.tw｜法律顧問 · 華洋國際專利商標事務所 · 蘇文生律師｜印刷 · 凱林彩印股份有限公司｜排版 · 菩薩蠻數位文化有限公司｜初版 · 2018年9月｜定價 · 380元｜ISBN · 978-957-8630-69-7
版權所有 · 翻印必究｜本書如有缺頁、破損、裝訂錯誤，請寄回更換

KEENAN-LAND

THULE

BUSS   FRISLAND

BREASIL

PHÉLIPEAUX
UND PONTCHARTRAIN

TEUFELSINSEL

KALIFORNIEN

BERMEJA

ANTILIA   SANKT-BRENDAN-
INSELN

ATLANTIS

MARIA-THERESIA-RIFF

PEPYS ISLAND

AURORA-INSELN   BOUVET-GRUPPE

NEW SOUTH GREENLAND